A INVENÇÃO DA SOLIDÃO

Obras do autor publicadas pela Companhia das Letras

4 3 2 1
Achei que meu pai fosse Deus (org.)
O caderno vermelho
Conto de Natal de Auggie Wren (infantojuvenil)
Da mão para a boca
Desvarios no Brooklyn
Diário de inverno
Homem no escuro
A invenção da solidão
Invisível
Leviatã
O livro das ilusões
Noite do oráculo
Sunset Park
Timbuktu
Todos os poemas
A trilogia de Nova York
Viagens no scriptorium

PAUL AUSTER

A INVENÇÃO DA SOLIDÃO

Tradução
RUBENS FIGUEIREDO

6ª reimpressão

COMPANHIA DAS LETRAS

Copyright © 1982 by Paul Auster

*Grafia atualizada segundo o Acordo Ortográfico
da Língua Portuguesa de 1990, que entrou
em vigor no Brasil em 2009.*

Título original
The Invention of Solitude

Capa
João Baptista da Costa Aguiar

Preparação
Cássio de Arantes Leite

Revisão
*Carmen S. da Costa
Beatriz de Freitas Moreira*

Atualização ortográfica
Ana Luiza Couto

Dados Internacionais de Catalogação na Publicação (CIP)
(Câmara Brasileira do Livro, SP, Brasil)

Auster, Paul, 1947-2024
A invenção da solidão / Paul Auster ; tradução
Rubens Figueiredo. — 1ª ed. — São Paulo : Companhia
das Letras, 1999.

Título original: The Invention of Solitude.
ISBN 978-85-7164-927-9

1. Auster, Paul, 1947 — Biografia 2. Autores norte-
-americanos — Século 20 — Biografia I. Título.

99-3267   CDD-811.54

Índice para catálogo sistemático:
1. Autores norte-americanos : Biografia   980.41

Todos os direitos desta edição reservados à
EDITORA SCHWARCZ S.A.
Rua Bandeira Paulista, 702, cj. 32
04532-002 — São Paulo — SP
Telefone: (11) 3707-3500
www.companhiadasletras.com.br
www.blogdacompanhia.com.br
facebook.com/companhiadasletras
instagram.com/companhiadasletras
twitter.com/cialetras

SUMÁRIO

Retrato de um homem invisível.. 7

O livro da memória.. 83

Referências... 193

RETRATO DE UM HOMEM
INVISÍVEL

Ao buscar a verdade, esteja pronto para o inesperado, pois é difícil de achar e, quando a encontramos, nos deixa perplexos.

Heráclito

Num dia, há vida. Um homem, por exemplo, em perfeita saúde, nem sequer é velho, sem nenhum histórico de doenças. Tudo é como era, e sempre será. Ele segue de um dia para o outro, cuidando das suas coisas, sonhando apenas com a vida que se estende à sua frente. E então, de repente, acontece que há morte. Um homem solta um pequeno suspiro, tomba da cadeira, e é a morte. O inesperado da coisa não deixa espaço para nenhum pensamento, não dá nenhuma chance para a mente procurar uma palavra capaz de consolar. Somos deixados sem nada a não a ser a morte, o fato irredutível de nossa própria mortalidade. A morte após uma longa doença é algo que podemos aceitar com resignação. Mesmo a morte acidental podemos atribuir ao destino. Mas um homem morrer sem nenhuma causa aparente, um homem morrer apenas porque é um homem, nos leva para tão perto da fronteira invisível entre a vida e a morte que não sabemos mais de que lado estamos. A vida se transforma em morte e é como se essa morte tivesse possuído essa vida o tempo todo. Morte sem aviso. Em outras palavras: a vida para. E pode parar a qualquer momento.

A notícia da morte de meu pai chegou faz três semanas. Era um domingo de manhã e eu estava na cozinha preparando o desjejum do meu filho pequeno, Daniel. No andar de cima, minha esposa ainda estava na cama, aquecida debaixo das cobertas, se regalando com algumas horas extras de sono. Inverno no campo:

um mundo de silêncio, fumaça de lenha, brancura. Minha mente estava repleta de pensamentos sobre o texto que escrevia na noite anterior e eu aguardava com ansiedade a tarde, quando poderia retomar o trabalho. Então o telefone tocou. Adivinhei na mesma hora que havia alguma coisa errada. Ninguém liga às oito horas da manhã de um domingo, a menos que seja para dar uma notícia que não pode esperar. E uma notícia que não pode esperar é sempre uma má notícia.

Não consegui evocar nenhum pensamento dignificante.

Antes mesmo de fazermos as malas e partirmos na viagem de três horas de carro até Nova Jersey, compreendi que eu teria de escrever sobre meu pai. Não tinha plano algum, nenhuma ideia mais precisa do que isso podia significar. Nem sequer consigo me lembrar de ter tomado uma decisão a respeito do assunto. Simplesmente estava ali, uma certeza, uma obrigação que começou a se impor a mim no instante em que recebi a notícia. Pensei: meu pai se foi. Se eu não agir depressa, sua vida inteira vai desaparecer junto com ele.

Recordando essas coisas, agora, mesmo a uma distância tão curta como são três semanas, me parece uma reação bastante curiosa. Sempre imaginei que a morte iria me entorpecer, me imobilizar com a tristeza. Mas agora que havia acontecido, eu não derramava lágrimas, não me sentia como se o mundo fosse desmoronar à minha volta. De uma forma estranha, eu estava muito bem preparado para aceitar essa morte, apesar do inesperado. O que me perturbava era outra coisa, algo que não tinha a ver com a morte nem com minha reação a ela: a compreensão de que meu pai não deixara vestígios.

Não tinha esposa, nenhuma família que dependesse dele, ninguém cuja vida fosse alterada por sua ausência. Um breve momento de choque, talvez, da parte dos amigos dispersos, abalados tanto com a ideia da morte caprichosa quanto com a perda do amigo, seguido de um curto período de luto, e depois mais nada. Enfim, seria como se ele nunca tivesse sequer existido.

Mesmo antes de sua morte, ele estivera ausente, e desde muito tempo as pessoas mais próximas a ele aprenderam a aceitar sua ausência, a tratá-la como a característica fundamental da sua pessoa. Agora que meu pai se fora, não seria difícil para o mundo assimilar o fato de que ele partira para sempre. A natureza de sua vida havia preparado o mundo para essa morte — foi uma espécie de morte por antecipação — e se, e quando, ele fosse lembrado, seria de forma obscura, apenas obscura.

Destituído de paixão por uma coisa, por uma pessoa ou por uma ideia, incapaz ou sem ânimo de se revelar em nenhuma circunstância, ele conseguiu se manter longe da vida, evitar a imersão no âmago das coisas. Comia, ia para o trabalho, tinha amigos, jogava tênis e no entanto, em tudo isso, não estava presente. No sentido mais profundo, mais inalterável, meu pai era um homem invisível. Invisível para os outros e, muito provavelmente, invisível também para si mesmo. Se, enquanto estava vivo, eu andava sempre em busca dele, sempre tentando encontrar o pai que não estava presente, agora que ele está morto ainda tenho a sensação de que devo continuar à sua procura. A morte não mudou nada. A única diferença é que meu tempo se esgotou.

Durante quinze anos, ele viveu sozinho. Arredio, opaco, como que imune ao mundo. Não parecia um homem que ocupa um espaço, mas antes um bloco de espaço impenetrável na forma de um homem. O mundo ricocheteava nele, se espatifava de encontro a ele, às vezes aderia a ele — mas nunca entrava. Durante quinze anos, meu pai assombrou uma casa enorme, completamente sozinho, e foi nessa casa que morreu.

Por um breve tempo, moramos lá como uma família — meu pai, minha mãe, minha irmã e eu. Depois que meus pais se divorciaram, todo mundo se dispersou: minha mãe começou uma vida nova, eu parti para a faculdade e minha irmã ficou com minha mãe, até que ela foi embora também, para estudar. Só meu pai ficou. Por causa de uma cláusula no acordo do divórcio, a qual determinava que minha mãe ainda detinha uma parte da propriedade da casa e receberia metade do dinheiro no momento em que fosse vendida (o que fazia meu pai relutar em vendê-la), ou em razão de alguma recusa secreta de mudar sua vida (de modo a não ter de mostrar para o mundo que o divórcio o havia afetado de uma forma que não conseguia controlar), ou simplesmente por inércia, uma letargia emocional que o impedia de levar adiante qualquer ação, ele foi ficando, morando sozinho em uma casa que podia acomodar seis ou sete pessoas.

Era um lugar impressionante: uma construção sólida, antiga, no estilo Tudor, com janelas chumbadas, telhado de ardósia, quartos de proporções monárquicas. Comprá-la representou um grande passo para meus pais, um sinal de prosperidade crescente. Era o melhor bairro da cidade e embora não fosse um lugar agradável de se morar (sobretudo para crianças), seu prestígio sobrepujava o tédio. Levando em conta que ele acabou passando o resto da vida nessa casa, é irônico que meu pai, a princípio, tenha resistido à ideia de mudar-se para lá. Reclamou do preço (um tema constante), e quando enfim cedeu, foi com um mau humor ressentido. Mesmo assim, ele pagou à vista. Tudo de uma só vez. Nada de hipoteca, nada de prestações mensais. Foi em 1959, e os negócios andavam bem, para ele.

Sempre um homem de hábitos rotineiros, meu pai saía de manhã cedinho para trabalhar, dava duro o dia todo e aí, quando voltava para casa (nos dias em que não trabalhava até mais tarde), tirava um cochilo antes do jantar. A certa altura de nossa primeira semana na casa nova, ainda antes de termos nos mudado para lá propriamente, ele cometeu um engano interessante. Em vez de dirigir o carro para a casa nova depois do trabalho, seguiu direto para a casa antiga, como fizera durante anos, estacionou na entrada para carros, entrou na casa pela porta dos fundos, subiu a escada, entrou no quarto, deitou-se na cama e adormeceu. Dormiu durante mais ou menos uma hora. Nem é preciso dizer que quando a nova dona da casa voltou e encontrou um estranho dormindo na sua cama, ficou um tanto surpresa. Mas ao contrário de Cachinhos Dourados, meu pai não se levantou de um salto e fugiu às pressas. A confusão foi logo explicada e todo mundo deu uma boa gargalhada. Ainda hoje, isso me faz rir. E no entanto, apesar de tudo, não posso deixar de ver o caso como uma história patética. Uma coisa é um homem, por engano, dirigir seu carro para a casa antiga, mas é algo bem diferente, eu creio, ele não reparar que as coisas mudaram dentro da casa. Mesmo a mente mais cansada ou distraída preserva um reduto de reações puras, animais, e consegue transmitir ao corpo a sensação do local onde está. Seria preciso estar quase inconsciente para não enxergar, ou pelo menos não sentir, que a casa já não era a mesma de antes. "O hábito", como diz um dos personagens de Beckett, "é um grande entorpecente." E se a mente é incapaz de reagir diante de um evidência física, o que fará ao se confrontar com uma evidência emocional?

Durante aqueles últimos quinze anos, ele não mudou quase nada na casa. Não acrescentou nenhum móvel, não retirou nenhum móvel. As paredes continuaram da mesma cor, as vasilhas e panelas não foram substituídas, até as roupas de minha mãe não foram jogadas fora — mas guardadas em um armário no sótão. O próprio tamanho da casa eximia meu pai da necessidade de tomar alguma decisão a respeito das coisas que ela continha. Não é que ele estivesse se agarrando ao passado, tentando preservar a casa como um museu. Ao contrário, parecia não ter noção do que estava fazendo. Era a negligência que o governava, não a memória, e embora ele continuasse a morar na casa durante todos aqueles anos, vivia ali como um estranho o faria. À medida que os anos corriam, ele passava cada vez menos tempo na casa. Fazia quase todas as refeições em restaurantes, organizava sua agenda social de forma a estar ocupado todas as noites e usava a casa como pouco mais do que um lugar para dormir. Uma vez, muitos anos atrás, calhou de eu comentar com ele quanto dinheiro havia ganhado com o que tinha escrito e traduzido no ano anterior (uma miséria, em suma, porém mais do que eu jamais havia ganhado até então), e sua resposta bem-humorada foi que ele gastava mais do que isso quando ia comer fora. O importante é o seguinte: sua vida não estava centrada no lugar onde morava. Sua casa era apenas uma dentre várias paradas de uma existência inquieta, sem âncora, e essa falta de um centro produzia o efeito de torná-lo um perpétuo forasteiro, um turista da sua própria vida. Nunca se tinha a sensação de que ele pudesse um dia fixar residência em algum lugar.

Mesmo assim, a casa me parece importante, no mínimo porque foi tratada com desleixo — sintoma de um estado mental que, inacessível de outro modo, manifestava-se nas imagens concretas do comportamento inconsciente. A casa tornou-se a metáfora da vida de meu pai, a representação exata e fiel de seu mundo interior. Pois embora ele a mantivesse em ordem e a conservasse mais ou menos como tinha sido, ela sofreu um gradual e inexorável processo de deterioração. Ele era ordeiro, sempre colocava as coisas de volta no lugar certo, mas nada era objeto de zelo, nada jamais era limpo. A mobília, sobretudo nos cômodos que meu pai raramente visitava, vivia coberta de poeira, teias de aranha, sinais de completo desleixo; o fogão na cozinha estava tão incrustado de restos de comida carbonizada que se tornara impossível salvá-lo; no guarda-louça, às vezes definhavam durante anos nas prateleiras: pacotes de farinha infestados de insetos, bolachas mofadas, sacos de açúcar convertidos em blocos sólidos, vidros de xarope que não podiam mais ser abertos. Toda vez que preparava uma refeição para si mesmo, meu pai, imediata e zelosamente, lavava a louça — mas apenas enxaguava, não passava sabão, de modo que todas as xícaras, todos os pires, todos os pratos estavam recobertos por uma película engordurada. Era assim em toda parte da casa: os vidros das janelas, que sempre eram mantidas abaixadas, ficaram tão frouxos nos caixilhos que qualquer esbarrão os faria cair. Rombos brotavam e feriam os móveis, a calefação nunca fornecia calor suficiente, o chuveiro não funcionava. A casa se havia degradado, era deprimente entrar nela. Dava a impressão de que estávamos entrando na casa de um cego.

Seus amigos e sua família, percebendo a loucura do jeito que ele vivia naquela casa, insistiram para que a vendesse e se mudasse para outro lugar. Mas meu pai sempre arranjava um modo de se esquivar com um evasivo "sou feliz aqui", ou "me adaptei a esta casa". No final, porém, acabou resolvendo se mudar. Bem no final. Na última conversa que tivemos por telefone, dez dias antes de morrer, ele me disse que a casa fora vendida e que o prazo para sair de lá se esgotava no dia 1º de fevereiro, cerca de três semanas depois. Ele queria saber se havia alguma coisa na casa que eu pudesse usar e combinei de ir visitá-lo com minha esposa e Daniel no primeiro dia livre que surgisse. Meu pai morreu antes que tivéssemos oportunidade de fazer a visita.

***

Não há nada mais terrível, aprendi então, do que ter de encarar os objetos de um morto. Coisas são inertes: só têm sentido em função da vida que faz uso delas. Quando essa vida termina, as coisas mudam, embora permaneçam iguais. Estão ali e no entanto não estão mais: fantasmas tangíveis, condenados a sobreviver em um mundo ao qual já não pertencem. O que se pode pensar, por exemplo, de um armário cheio de roupas silenciosamente à espera de serem usadas de novo por um homem que não virá mais abrir a porta? Ou dos saquinhos avulsos de preservativos espalhados em gavetas abarrotadas de cuecas e meias? Ou do barbeador elétrico pousado no banheiro, ainda entupido com a poeira dos fios da última barba? Ou de uma dúzia de bisnagas vazias de tintura para cabelo, ocultas em um estojo de couro para viagem? — de repente, a revelação de coisas que não temos nenhuma vontade de ver, nenhuma vontade de saber. Há nisso uma comoção, e também uma espécie de horror. Em si mesmas, as coisas nada significam, como os utensílios de cozinha de alguma civilização desaparecida. E no entanto elas ainda nos dizem algo, dispostas ali não como objetos mas como vestígios do pensamento, da consciência, emblemas da solidão em que um homem toma decisões sobre si mesmo: se deve tingir o cabelo, se deve vestir essa ou aquela camisa, se deve viver, se deve morrer. E a futilidade de tudo isso, quando há a morte.

Toda vez que eu abria uma gaveta ou metia a cabeça em um armário, me sentia como um intruso, um assaltante que vasculha os recantos secretos da mente de um homem. Eu continuava à espera de que meu pai entrasse de repente, olhasse para mim espantado e me perguntasse que diabo eu estava fazendo. Não parecia justo que ele não pudesse protestar. Eu não tinha nenhum direito de invadir sua privacidade.

Um número de telefone rabiscado às pressas nas costas de um cartão de uma firma, no qual vinha escrito: H. LIMEBURG — LATAS DE LIXO DE TODOS OS FORMATOS. Fotografias da lua de mel de meus pais nas cataratas do Niágara, em 1946: minha mãe sentada aflita em cima de um touro para uma dessas fotos engraçadas que na verdade não têm graça nenhuma, e a sensação repentina de como o mundo sempre foi irreal, mesmo na sua pré-história. Uma gaveta cheia de martelos, pregos e mais de vinte chaves de fenda. Um fichário abarrotado de cheques cancelados de 1953 e os cartões que recebi no meu sexto aniversário. E então, enterrada no fundo de uma gaveta no banheiro: a escova de dentes com monograma, que em outros tempos pertencera à minha mãe e que não fora tocada ou sequer olhada durante mais de quinze anos.

A lista é inesgotável.

Logo se tornou evidente para mim que meu pai não fizera quase nada a fim de se preparar para a sua partida. Os únicos sinais da mudança iminente que consegui detectar na casa inteira foram algumas caixas de papelão cheias de livros — livros comuns (atlas desatualizados, uma introdução à eletrônica de cinquenta anos antes, uma gramática do latim da escola secundária, velhos livros de direito) que ele pretendia doar a instituições de caridade. Afora isso, mais nada. Nenhuma caixa vazia à espera de ser enchida. Nenhuma peça de mobília jogada fora ou vendida. Nada combinado com nenhuma empresa de mudanças. Era como se ele não tivesse conseguido encarar os fatos. Em vez de esvaziar a casa, meu pai simplesmente quis morrer. A morte era a saída, a única forma legítima de escapar.

Para mim, porém, não havia escapatória. Aquilo tinha de ser feito, e não havia mais ninguém que o fizesse. Durante dez dias, recolhi as coisas dele, limpei a casa toda, preparei-a para os novos proprietários. Foi um período triste, mas também estranhamente gozado, um tempo de decisões precipitadas e absurdas: vender, jogar fora, doar. Minha esposa e eu compramos um grande escorrega de madeira para o Daniel, que tinha um ano e meio de idade, e o montamos no meio da sala de estar. Ele se regalava no meio do caos: remexia as coisas, punha abajures na cabeça, arremessava pela casa toda fichinhas de pôquer feitas de plástico, corria pelos amplos espaços dos cômodos que gradualmente iam ficando vazios. De noite, minha esposa e eu deitávamos embaixo de cobertores monolíticos e víamos filmes vagabundos na tevê. Até o televisor foi doado, também. Havia problemas com a fornalha e, se me esquecia de enchê-la de água, parava de funcionar.

Certa manhã, acordamos para descobrir que a temperatura da casa tinha pulado para quarenta graus. O telefone tocava vinte vezes por dia e vinte vezes por dia eu tinha de dizer a alguém que meu pai havia morrido. Eu me tornara um vendedor de móveis, um funcionário de uma firma de mudanças, um mensageiro de más notícias.

A casa começou a parecer o cenário de uma comédia de costumes banal. Parentes entravam o tempo todo pela casa, pediam um ou outro móvel, essa ou aquela peça do aparelho de jantar, experimentavam os ternos do meu pai, entornavam o conteúdo das caixas, tagarelavam feito gansos. Leiloeiros vinham examinar as mercadorias ("nada de estofados, não valem um centavo"), levantavam os narizes e iam embora. Lixeiros pisavam com força suas botinas pesadas e arrastavam montanhas de tralhas. Funcionários da empresa de água liam o hidrômetro, os da firma de gás liam o relógio do gás, os da firma de diesel liam o medidor de diesel. (Um deles, esqueci qual, que tivera um monte de problemas com meu pai ao longo dos anos, me disse com um ar de cruel cumplicidade: "Não me agrada dizer isso", deixando bem claro que o agradava bastante, "mas o seu pai era um sacana nojento".) O corretor de imóveis veio comprar alguns móveis para os novos proprietários e acabou levando um espelho para si mesmo. Uma mulher, dona de uma loja de antiguidades, comprou os chapéus velhos de minha mãe. Um negociante de quinquilharias veio com uma equipe de ajudantes (quatro negros chamados Luther, Ulysses, Tommy Pride e Joe Sapp) e carregou tudo, desde um jogo de halteres até uma torradeira quebrada. Quando isso terminou, não havia sobrado nada. Nem sequer um cartão-postal. Nem sequer um pensamento.

Se houve um único momento pior para mim ao longo desses dias, foi quando caminhei através do gramado da frente, debaixo de chuva, para despejar um monte de gravatas do meu pai na caçamba de um caminhão da Legião da Boa Vontade. Devia ter mais de cem gravatas, e muitas delas eu recordava da infância: os desenhos, as cores, os feitios que ficaram impregnados na minha consciência mais tenra, tão nitidamente quanto o rosto de meu pai. Ver a mim mesmo me desfazendo dessas gravatas como se fossem lixo era algo intolerável para mim, e foi aí, no exato instante em que as despejei no caminhão, que cheguei mais perto das lágrimas. Mais do que ver o caixão ser baixado na terra, o ato de jogar fora aquelas gravatas me pareceu personificar a ideia do sepultamento. Afinal compreendi que meu pai estava morto.

Ontem, uma das crianças da vizinhança veio aqui brincar com Daniel. Uma menina de uns três anos e meio, que pouco antes havia aprendido que gente grande também tinha sido criança um dia, e que mesmo a mãe e o pai dela tinham pais. A certa altura, a menina pegou o telefone e deu início a uma conversa de mentira, depois virou para mim e disse: "Paul, é o seu pai. Ele quer falar com você".

Foi horrível. Pensei: tem um fantasma no outro lado da linha e ele quer mesmo falar comigo. Só depois de alguns instantes consegui falar.

"Não", exclamei, afinal. "Não pode ser meu pai. Ele não ia me telefonar hoje. Está fora."

Esperei até a menina desligar o telefone e depois saí da sala.

No armário do quarto do meu pai, encontrei centenas de fotografias — enfurnadas em envelopes desbotados feitos de papel manilha, pregadas nas páginas negras de álbuns empenados, espalhadas ao acaso em gavetas. Pelo jeito como estavam guardadas, deduzi que ele nunca as olhava, esquecera mesmo que estavam ali. Um álbum muito volumoso, com uma cara encadernação de couro e o título na capa em letras douradas — ESTA É A SUA VIDA: OS AUSTER —, estava completamente vazio por dentro. Alguém, na certa minha mãe, em outros tempos se dera ao trabalho de organizar esse álbum, mas ninguém se preocupou em enchê-lo.

De volta para minha casa, examinei aquelas fotografias com uma fascinação que beirava a mania. Achei-as irresistíveis, preciosas, o equivalente de relíquias sagradas. Parecia que elas poderiam me dizer coisas que eu nunca havia sabido, me revelar alguma preciosa verdade oculta, e estudei cada uma delas com toda a atenção, assimilando os menores detalhes, a sombra mais insignificante, até que todas as imagens se tornassem parte de mim. Eu não queria que nada fosse perdido.

A morte priva um homem do seu corpo. Na vida, um homem e seu corpo são sinônimos; na morte, há o homem e há o seu corpo. Dizemos: "este é o corpo de X", como se esse corpo, que antes era o próprio homem, não algo que o representava ou que pertencia a ele, mas sim o próprio homem chamado X, de repente não tivesse mais nenhuma importância. Quando um homem entra em uma sala e apertamos sua mão, não temos a sensação de que cumprimentamos a mão dele, ou o seu corpo, mas sim a *ele* mesmo. A morte modifica isso. Este é o corpo de X, não é X. A sintaxe é totalmente diferente. Agora falamos de duas coisas distintas, em vez de uma só, dando a entender que o homem continua a existir, mas só como uma ideia, um aglomerado de imagens e recordações na mente das outras pessoas. Quanto ao corpo, não é mais do que carne e ossos, um amontoado de pura matéria.

Descobrir essas fotografias foi importante para mim porque elas pareciam reafirmar a presença física de meu pai no mundo, me dar a ilusão de que ele ainda estava presente. O fato de eu nunca ter visto antes muitas dessas fotografias, sobretudo aquelas da juventude de meu pai, me dava a sensação estranha de que eu o encontrava pela primeira vez, de que uma parte dele só agora começava a existir. Eu havia perdido meu pai. Mas ao mesmo tempo eu também o encontrara. Enquanto eu mantinha essas fotos diante dos olhos, enquanto eu as examinava com toda a minha atenção, parecia que ele ainda estava vivo, mesmo na morte. Se não vivo, pelo menos não estava morto. Ou melhor, suspenso de algum modo, encerrado em um universo que nada tinha a ver com a morte, no qual a morte nunca poderia entrar.

A maioria dessas fotos não me dizia nada de novo, mas me ajudava a preencher os espaços em branco, confirmar impressões, oferecer provas onde antes nada existira. Uma série de instantâneos dele no tempo de solteiro, por exemplo, provavelmente tirados no decorrer de vários anos, dá uma ideia precisa de certos aspectos de sua personalidade que submergiram durante os anos de seu casamento, uma face de meu pai que não vim a conhecer senão após o seu divórcio: meu pai como um sujeito brincalhão, mundano, boa-praça. Foto após foto, ele aparece de pé ao lado de mulheres, em geral duas ou três, todas fingindo poses cômicas, os braços talvez em torno umas das outras, ou então duas delas sentadas no seu colo, ou um beijo teatral, que não era para agradar ninguém, exceto a pessoa que tirava a fotografia. Ao fundo: uma montanha, uma quadra de tênis, talvez uma piscina ou uma cabana feita de toras de madeira. Essas eram as fotos trazidas de passeios de fins de semana a várias estações de veraneio nas montanhas Catskill, em companhia de seus amigos solteiros: jogar tênis, divertir-se com garotas. Levou a vida desse jeito até os trinta e quatro anos.

Era uma vida que se adaptava bem a meu pai e eu podia entender por que voltou a ela depois que seu casamento se desfez. Para um homem que só acha a vida tolerável quando se coloca na superfície de si mesmo, é natural contentar-se em oferecer aos outros nada mais do que essa superfície. Há poucas exigências a satisfazer, e não se requer nenhum compromisso. O casamento, por outro lado, fecha as portas. Nossa existência fica confinada a um espaço estreito no qual somos constantemente forçados a nos revelar — e portanto, constantemente obrigados a olhar para dentro de nós mesmos, examinar as próprias profundezas. Quando a porta está aberta, nunca existe problema nenhum: sempre podemos fugir. Podemos evitar confrontos indesejáveis, conosco mesmo ou com outra pessoa, simplesmente indo para fora.

A capacidade de evasão do meu pai era quase ilimitada. Uma vez que a esfera do outro era irreal para ele, suas incursões nessa esfera eram feitas com uma parte dele mesmo que considerava igualmente irreal, uma outra pessoa que ele treinara como um ator para representá-lo na comédia vazia do mundo em geral. Essa pessoa substituta era essencialmente um gozador, uma criança hiperativa, um fabricante de conversa fiada. Não conseguia levar nada a sério.

Como nada tinha importância, ele dava a si mesmo a liberdade para fazer o que bem entendesse (entrar de penetra em clubes de tênis, fingir que era crítico de restaurantes para comer de graça), e a sedução que exercia para levar a cabo suas proezas era exatamente o que retirava todo o valor dessas proezas. Com a vaidade de uma mulher, ele escondia a verdade acerca da sua idade, inventava histórias sobre seus negócios, só falava de si mesmo de forma oblíqua — na terceira pessoa, como se fosse um conhecido seu ("Tem um amigo meu que está com esse problema; o que você acha que ele devia fazer?..."). Toda vez que uma situação se tornava difícil demais para ele, toda vez que se sentia pressionado quase a ponto de ter de se revelar, meu pai se esquivava do aperto contando uma mentira. No final, a mentira já lhe vinha automaticamente e se bastava a si mesma. O princípio residia em dizer o mínimo possível. Se as pessoas nunca soubessem a verdade a respeito do meu pai, não poderiam voltar-se depois e usar isso contra ele. A mentira era um modo de comprar proteção. O que os outros viam quando meu pai se apresentava diante deles, portanto, não era o meu pai, na verdade, mas uma pessoa que ele tinha inventado, uma criatura artificial que ele podia manipular para manipular os outros. Ele mesmo permanecia invisível, um titereiro que operava os cordões de seu *alter ego*, a partir de um local escuro e solitário, atrás das cortinas.

Durante os últimos dez ou doze anos de vida, meu pai teve uma companheira firme, que era a mulher que se apresentava a seu lado em público, que desempenhava o papel de parceira oficial. De vez em quando, surgia uma vaga conversa sobre casamento (por insistência dela), e todo mundo supunha que aquela era a única mulher com quem ele tinha algo a ver. Após sua morte, porém, outras mulheres começaram a se manifestar. Essa tinha amado meu pai, aquela o havia adorado, uma outra ia se casar com ele. A namorada principal ficou chocada ao ter notícia dessas outras mulheres: meu pai jamais deixou escapar uma palavra sobre elas. Cada uma ouviu dele uma história diferente, e cada uma pensava que o possuía só para si. No final, viu-se que nenhuma delas sabia absolutamente nada sobre meu pai. Ele conseguiu enganar a todas.

***

Solitário. Mas não no sentido de estar sozinho. Solitário não do jeito que era Thoreau, por exemplo, que se exilou para descobrir onde estava; solitário não como Jonas, que rezava pela redenção dentro da barriga da baleia. Solitário no sentido de recolhimento. No sentido de não ter de ver a si mesmo, de não ter de ver a si mesmo sendo visto por outra pessoa.

Conversar com ele era uma experiência penosa. Ou se mostrava ausente, como em geral estava, ou investia sobre nós com uma comicidade fria, que era nada mais do que outra forma de ausência. Era como tentar se fazer entender por um velho senil. A gente falava, e não tinha resposta, ou então vinha uma resposta incongruente, demonstrando que ele não estava acompanhando nossas palavras. Nos anos recentes, toda vez que eu conversava com ele ao telefone, eu me via falando mais do que fazia normalmente, me tornava agressivamente falante, tagarelava sem parar em uma vã tentativa de prender sua atenção, provocar uma reação da sua parte. Depois, eu sempre me sentia um tolo por ter me esforçado tanto.

Ele não fumava, não bebia. Nenhuma fome de prazeres sensuais, nenhuma sede de prazeres intelectuais. Livros o aborreciam, e era raro o filme ou a peça de teatro que não o fizesse dormir. Mesmo em festas, o víamos lutando para manter os olhos abertos, e na maioria das vezes acabava sucumbindo, pegava no sono em uma poltrona enquanto as conversas giravam à sua volta. Um homem sem apetites. Dava a sensação de que nada se impunha a ele, de que ele não tinha necessidade de nada que o mundo pudesse oferecer.

Aos trinta e quatro anos, casamento. Aos cinquenta e dois, divórcio. De certo modo, durou anos, mas na verdade não durou mais do que alguns dias. Nunca foi um homem casado, nunca foi um divorciado, mas um perpétuo solteiro que por acaso teve um interlúdio de casamento. Embora não faltasse aos seus deveres exteriores de marido (foi fiel, sustentou a esposa e os filhos, assumiu todas as suas responsabilidades), estava claro que não era talhado para representar esse papel. Simplesmente não tinha talento nenhum para isso.

Minha mãe só tinha vinte e um anos quando se casou com ele. A conduta de meu pai durante o breve namoro foi casta. Nenhuma investida audaciosa, nenhum dos assédios esbaforidos do macho ansioso. De vez em quando davam as mãos, trocavam um recatado beijo de boa-noite. Amor, propriamente dito, nunca foi declarado por nenhum dos dois. Quando veio o casamento, eram pouco mais do que dois estranhos.

Não passou muito tempo antes de minha mãe descobrir seu engano. Mesmo antes do fim da lua de mel (aquela lua de mel tão amplamente documentada pelas fotografias que descobri: os dois sentados juntos, por exemplo, em uma pedra na beirada de um lago completamente imóvel, um largo caminho ensolarado atrás deles, que ia dar em uma ladeira de pinheiros entre sombras, meu pai com os braços em volta da minha mãe, e os dois olhando um para o outro, sorrindo tímidos, como se o fotógrafo os tivesse feito posar abraçados por um tempo um pouco longo demais), mesmo antes do fim da lua de mel minha mãe entendeu que o casamento não ia dar certo. Procurou sua mãe, em prantos, e disse que queria deixar o marido. De algum modo, minha avó conseguiu convencê-la a voltar e fazer uma tentativa. E então, antes de a poeira assentar, ela se viu grávida. E de repente era tarde demais para fazer qualquer coisa.

Às vezes penso nisso: como fui concebido naquela estação de veraneio nas cataratas do Niágara, especial para casais em lua de mel. Não que importe muito onde tenha acontecido. Mas a ideia do que deve ter sido um abraço sem paixão, um cego e cerimonioso tatear entre frígidos lençóis de hotel, nunca deixou de me humilhar em uma consciência de minha própria contingência. As cataratas do Niágara. Ou o acaso de dois corpos que se unem. E depois eu, um homúnculo fortuito, como um louco intrépido que se atira pelas cachoeiras dentro de um barril.

Pouco mais de oito meses depois, na manhã do seu vigésimo segundo aniversário, minha mãe acordou e contou ao meu pai que o bebê ia nascer. Ridículo, disse ele, essa criança só deve nascer daqui a três semanas — e saiu logo para o trabalho, deixando minha mãe sem o carro.

Ela esperou. Pensou que talvez ele tivesse razão. Esperou um pouco mais, então chamou a cunhada e pediu que a levasse ao hospital. Minha tia ficou com minha mãe o dia inteiro, ligando para meu pai a intervalos de poucas horas, para pedir que viesse. Mais tarde, dizia ele, agora estou ocupado, vou para aí assim que puder.

Pouco depois de meia-noite, abri meu caminho para o mundo, a bunda na frente, sem dúvida chorando.

Minha mãe esperou que meu pai viesse, mas ele só chegou na manhã seguinte — em companhia da mãe dele, que queria inspecionar o neto número sete. Uma visita breve, nervosa, e depois meu pai saiu de novo para o trabalho.

Ela chorou, é claro. Afinal, era jovem, e não esperava que aquilo representasse tão pouco para ele. Mas meu pai nunca conseguiu compreender essas coisas. Nem no início, nem no fim. Nunca foi possível para ele estar onde estava. E, enquanto viveu, esteve sempre em outra parte, entre aqui e lá. Mas nunca de fato aqui. E nunca de fato lá.

Trinta anos depois, esse mesmo pequenino drama se repetiu. Dessa vez, eu estava lá e vi com os próprios olhos.

Após meu próprio filho nascer, pensei: sem dúvida, isso vai deixá-lo contente. Todo homem não fica contente ao se tornar avô?

Eu queria ver meu pai todo bobo diante do bebê, para que assim me desse uma prova de que ele, afinal, era capaz de demonstrar algum sentimento — de que ele, afinal, tinha sentimentos do mesmo jeito que as outras pessoas. E, se pudesse mostrar afeição por seu neto, não seria também uma forma indireta de mostrar afeição por mim? A gente nunca para de cobiçar o amor do pai, mesmo depois de adultos.

Mas afinal as pessoas não mudam. Para resumir, meu pai viu o neto só três ou quatro vezes, e nunca conseguiu distingui-lo da massa impessoal de bebês que nascem no mundo todos os dias. Daniel tinha apenas duas semanas quando meu pai pôs os olhos nele pela primeira vez. Posso lembrar o dia com toda a nitidez: um domingo radioso no final de junho, uma onda de calor, o ar do campo cinzento de umidade. Meu pai estacionou seu carro, viu minha esposa pôr o bebê no carrinho para cochilar e veio dar uma espiada. Baixou a cabeça sobre o carrinho por um décimo de segundo, ergueu-se e disse para ela: "Um bebê lindo. Boa sorte com ele".

Em seguida entrou na casa. Podia muito bem estar falando sobre o bebê de algum estranho, que viu na fila do supermercado. Durante o resto de sua visita naquele dia, meu pai não olhou para Daniel, e nem uma vez sequer pediu para segurá-lo.

Tudo isso, só como um exemplo.

É impossível, compreendo, penetrar na solidão de outra pessoa. Se é verdade que sempre podemos vir a conhecer outro ser humano, ainda que em um grau pequeno, isso só acontece na medida em que o outro quiser se fazer conhecido. Um homem dirá: estou com frio. Ou então não dirá nada e vamos vê-lo tremer com calafrios. De um jeito ou de outro, vamos saber que está com frio. Mas e o homem que não diz nada e não treme? Onde tudo é intratável, onde tudo é hermético e evasivo, não se pode fazer nada senão observar. Mas se a pessoa consegue ou não extrair algum sentido do que observa é uma outra história.

Não quero deduzir nada.

Ele nunca falou de si mesmo, nunca pareceu saber que havia alguma coisa sobre a qual *pudesse* falar. Era como se sua vida interior se esquivasse dele mesmo.

Não conseguia conversar sobre ela e portanto, em silêncio, deixava o assunto de lado.

Se não existe nada a não ser silêncio, não será impertinência da minha parte falar? E mais: caso tivesse havido outra coisa que não o silêncio, eu teria ao menos sentido necessidade de falar?

Minhas opções são limitadas. Posso me manter calado, ou então posso falar de coisas que não podem ser comprovadas. No mínimo, quero registrar os fatos, apresentá-los da forma mais direta possível e deixá-los dizer o que tiverem a dizer. Mas mesmo os fatos nem sempre dizem a verdade.

Meu pai se mantinha na superfície de forma tão implacável, seu comportamento era tão obviamente previsível, que tudo o que fazia vinha como uma surpresa. Não dava para acreditar que existisse um homem assim — destituído de sentimento, que quisesse tão pouco dos outros. E se não existia um homem assim, significa que havia um outro homem, escondido dentro do homem que não estava ali, e a graça da história, portanto, consistia em descobri-lo. Na condição de que ele estivesse lá para ser descoberto.

Admitir, desde o início, que a essência desse projeto é o fracasso.

A recordação mais remota: sua ausência. Durante os primeiros anos de minha vida, meu pai saía de casa todo dia de manhã, antes de eu acordar, e voltava para casa muito depois de eu ter sido posto na cama. Eu era o queridinho de minha mãe e vivia na sua órbita. Era uma pequena lua que circulava em torno da sua terra gigantesca, um grão de poeira na esfera da sua gravidade, e eu controlava as marés, o clima, as forças do sentimento. O refrão do meu pai para ela era: não exagere, você vai mimar o menino. Mas minha saúde não era boa e ela usava isso para justificar a atenção que esbanjava comigo. Passávamos muito tempo juntos, ela com a sua solidão e eu com as minhas cólicas, aguardando com paciência no consultório de médicos que alguém viesse aplacar a insurreição que se erguia enfurecida o tempo todo no meu estômago. Mesmo então, eu podia me apegar a esses médicos de um modo desesperado, louco de vontade de que eles me amparassem. Desde o início, ao que parece, eu estava em busca do meu pai, freneticamente à procura de alguém que se parecesse com ele.

Recordações posteriores: um anseio. Minha mente sempre pronta para negar os fatos, sob qualquer pretexto, teimosamente eu insistia em esperar algo que nunca me era dado — ou era dado tão raramente e de forma tão arbitrária que parecia acontecer fora do âmbito da experiência normal, em um lugar onde eu nunca seria capaz de viver mais do que alguns poucos instantes de cada vez. Não é que eu tivesse a sensação de que meu pai não gostava de mim. Apenas ele parecia distraído, incapaz de olhar na minha direção. E, mais do que qualquer outra coisa, eu queria que ele prestasse atenção em mim.

Qualquer coisa, mesmo a mais ínfima, era o bastante. Por exemplo, quando a família, certa vez, foi a um restaurante cheio de gente num domingo e tivemos de esperar uma mesa, meu pai me levou para fora, arranjou uma bola de tênis (onde?), pôs uma moedinha de um centavo na calçada e começou um jogo comigo: acertar a moeda com a bola de tênis. Eu não podia ter mais de oito ou dez anos de idade.

Em retrospecto, nada poderia ser mais banal. E no entanto o fato de que eu fora incluído, de que meu pai me chamara com toda naturalidade para matar o tempo a seu lado, quase me esmagou de felicidade.

Na maior parte das vezes, havia decepções. Por um momento, meu pai parecia haver mudado, ter se aberto um pouco, e então, de repente, ele já não estava mais ali. Na única vez que o persuadi a me levar a uma partida de futebol americano (os Giants contra os Cardinals de Chicago, no Yankee Stadium ou no Polo Grounds, não me lembro mais), ele se levantou de repente no meio do quarto período do jogo e disse: "Está na hora de ir embora". Ele queria "escapar da multidão" e evitar o engarrafamento. Nada que eu dissesse conseguiria convencê-lo a ficar e assim fomos embora, sem mais nem menos, com a partida pegando fogo. Um desespero monstruoso enquanto eu o seguia pelas rampas de concreto e depois, pior ainda, no estacionamento, com o rumor da multidão invisível rugindo às minhas costas.

Não podia confiar em que ele sozinho adivinhasse o que eu queria, percebesse o que eu podia estar sentindo. O fato de que eu mesmo precisava dizer a ele envenenava de antemão o prazer, rompia a harmonia sonhada antes mesmo que se pudesse vibrar uma nota. E então, mesmo se eu contasse para meu pai, não havia como ter a menor garantia de que ele fosse entender do que eu estava falando.

Lembro de um dia muito parecido com o de hoje. Um domingo chuvoso, letargia e silêncio em casa: o mundo em marcha lenta. Meu pai tirava um cochilo, ou acabara de acordar e de algum modo eu estava na cama com ele, nós dois sozinhos no quarto. Me conte uma história. Deve ter começado assim. E como ele não estava mesmo fazendo nada, como ainda se achava entorpecido na languidez da tarde, fez o que eu pedi, se pôs a contar uma história, sem perder o ritmo uma só vez. Lembro-me dela com toda a nitidez. Parece que acabei de sair daquele quarto, com a luz cinzenta e as colchas emboladas sobre a cama, como se, apenas fechando os olhos, eu pudesse voltar para lá quando bem entendesse.

Meu pai me falou do tempo que trabalhou em prospecção mineral na América do Sul. Era uma história de intensa aventura, repleta de perigos mortais, fugas de deixar o cabelo em pé e incríveis reviravoltas do destino: abrir caminho na selva a golpes de facão, rechaçar bandoleiros com as mãos desarmadas, dar um tiro no seu burro de carga porque havia quebrado a perna. Sua linguagem era elegante e rebuscada, talvez um eco dos livros que ele mesmo lera quando menino. Mas foi exatamente esse estilo literário que me encantou. Não estava apenas me contando coisas novas sobre si mesmo, desvelando para mim o mundo de seu passado distante, mas me contava tudo isso com palavras novas e estranhas. Essa linguagem era tão importante quanto a história mesma. Fazia parte da história e, de certo modo, era indistinguível dela. Sua própria estranheza era uma prova de autenticidade.

Não me ocorreu imaginar que pudesse ser uma história inventada. Durante anos, continuei a acreditar nela. Mesmo quando eu já tinha passado do ponto em que não deveria mais acreditar nessas coisas, eu ainda tinha a sensação de que devia haver alguma verdade ali. A história me dava algo a que me agarrar, em relação a meu pai, e eu relutava em abrir mão daquilo. Por fim, obtive uma explicação para suas misteriosas evasões, sua indiferença a mim. Ele era um personagem romântico, um homem com um passado sombrio e empolgante, e sua vida presente representava apenas uma espécie de parada intermediária, um modo de matar o tempo antes de decolar de novo para a aventura seguinte. Ele maquinava o seu plano, imaginava um jeito de reaver o ouro que jazia enterrado bem fundo no coração dos Andes.

* * *

No fundo da minha mente: o desejo de fazer algo extraordinário, impressioná-lo com um ato de proporções heroicas. Quanto mais indiferente ele se mostrava, mais arriscadas eram minhas apostas. Mas se a vontade de um menino é tenaz e idealista, também é absurdamente prática. Eu tinha só dez anos e não havia nenhuma criança para eu salvar de um incêndio, nenhum marinheiro para eu resgatar do mar. Por outro lado, eu era um bom jogador de beisebol, o astro do meu time da Liga Infantil, e embora meu pai não tivesse nenhum interesse por beisebol, eu achava que se ele me visse jogar, uma só vez, começaria a me encarar de um jeito novo.

Por fim, ele foi a um jogo. Os pais da minha mãe estavam nos visitando, na época, e meu avô, um grande aficionado do beisebol, apareceu com meu pai. Era uma partida especial, no feriado em memória dos soldados mortos na guerra, e as arquibancadas estavam lotadas. Se era para eu fazer algo notável, tinha de ser ali, naquele momento. Lembro-me de ter avistado os dois na arquibancada de tábuas, meu pai de camisa branca sem gravata e meu avô com um lenço branco em cima da careca para protegê-lo do sol — a cena inteira na minha mente, encharcada na ocasião por aquela deslumbrante luz branca.

Provavelmente, nem é preciso dizer que fiz o maior papelão. Não marquei ponto nenhum, perdi o equilíbrio no campo, não podia ter ficado mais nervoso do que estava. Entre as centenas de partidas que joguei na minha infância, aquela foi a pior.

Depois, caminhando rumo ao carro com meu pai, ele me disse que eu tinha feito uma bela partida. Não joguei bem não, retruquei, fui horrível. Bem, você fez o melhor que pôde, respondeu ele. Não se pode acertar sempre.

Não é que ele quisesse me animar. Tampouco queria se mostrar indelicado. Ou melhor, dizia o que em geral se diz nessas situações, como que automaticamente. Eram as palavras corretas para se dizer e no entanto foram enunciadas sem sentimento, um exercício de decoro, pronunciadas no mesmo tom de voz indiferente que ele usaria quase vinte anos depois, quando disse: "Um bebê lindo. Boa sorte com ele". Eu podia ver que seu pensamento estava longe dali.

Em si mesmo, isso não tem importância. O importante é o seguinte: compreendi que mesmo que eu tivesse feito todas as coisas que desejava fazer, a reação dele teria sido mais ou menos a mesma. Quer eu tivesse sucesso, quer fracassasse, para ele essencialmente não tinha nenhuma importância. Para o meu pai, eu não era definido por nada que eu fizesse, mas sim pelo que eu era, e isso queria dizer que a percepção que ele tinha de mim nunca ia mudar, que estávamos presos em um relacionamento imutável, apartados um do outro, em lados opostos de uma parede. Mais ainda, compreendi que nada disso tinha a ver comigo. Só tinha a ver com ele. A exemplo de tudo o mais na vida de meu pai, ele só me enxergava através da névoa da sua solidão, como que a vários graus de afastamento de si mesmo. O mundo era um lugar distante para ele, eu creio, um lugar onde nunca conseguiu de fato entrar, e lá, ao longe, em meio às sombras que se elevavam atrás dele, eu havia nascido, me tornei seu filho, e cresci, como se fosse apenas mais uma sombra, aparecendo e desaparecendo no reino de penumbras da sua consciência.

Com sua filha, nascida quando eu tinha três anos e meio, foi um pouco mais fácil para ele. Mas no final se tornou infinitamente mais difícil.

Ela era uma criança linda. Invulgarmente frágil, com grandes olhos castanhos que se desmanchavam em lágrimas ao mais leve abalo. Passava boa parte do tempo sozinha, uma criatura miúda que circulava em uma terra imaginária de elfos e fadas, dançava na ponta dos pés com trajes de bailarina adornados com rendas, cantava com uma voz alta o bastante para ser ouvida só por ela mesma. Era uma miniatura de Ofélia, já predestinada, dava a impressão, a uma vida de permanente conflito interior. Fazia poucas amigas, tinha problemas na escola e vivia atormentada por dúvidas a respeito de si mesma, desde muito nova, que transformavam simples atos de rotina em pesadelos de aflição e derrota. Havia acessos de raiva, terríveis crises de choro, perturbações constantes. Nada jamais parecia estar bem por muito tempo.

Mais sensível do que eu às nuanças do casamento infeliz à nossa volta, sua insegurança se tornou colossal, mutiladora. Pelo menos uma vez por dia perguntava à minha mãe se ela "amava o papai". A resposta era sempre a mesma: claro que sim.

Não devia ser uma mentira muito convincente. Se fosse, não haveria nenhuma necessidade de repetir a pergunta no dia seguinte.

Por outro lado, é difícil perceber de que modo a verdade poderia, por pouco que fosse, melhorar as coisas.

Era quase como se ela exalasse um aroma de desamparo. O impulso imediato de qualquer um era protegê-la, amortecer os golpes do mundo. Como todas as pessoas, meu pai mimava minha irmã. Quanto mais ela parecia chorar por carinhos, mais condescendente ele se mostrava em agradá-la. Muito depois de minha irmã ter aprendido a andar sozinha, por exemplo, ele insistia em levá-la no colo ao descer a escada. Não há dúvida de que fazia isso por amor, fazia-o com alegria porque ela era o seu anjinho. Mas subjacente a esses mimos havia a implícita mensagem de que ela jamais seria capaz de fazer nada sozinha. Para meu pai, minha irmã não era uma pessoa, mas um anjo e, uma vez que ela nunca se via compelida a agir como um ser autônomo, jamais conseguiria se tornar um deles.

Minha mãe, porém, via o que estava acontecendo. Quando minha irmã tinha cinco anos, minha mãe levou-a para uma consulta de avaliação com um psiquiatra infantil e o médico recomendou começar alguma forma de terapia. Naquela noite, quando minha mãe contou a meu pai os resultados da consulta, ele teve uma violenta explosão de raiva. Nenhuma filha minha etc. A ideia de que sua filha precisava de ajuda psiquiátrica não era em nada diferente de vir alguém lhe dizer que ela era leprosa. Meu pai não aceitaria isso. Nem sequer discutiria o assunto.

Este é o ponto que estou tentando demonstrar. Sua recusa de olhar para dentro de si mesmo vinha acompanhada por uma recusa igualmente obstinada de olhar para o mundo, de aceitar mesmo a prova mais incontroversa que pusessem debaixo do seu nariz. Por vezes seguidas, ao longo da vida, meu pai olhava uma coisa de frente, balançava a cabeça, depois dava as costas e dizia que aquilo não estava ali. Isso tornava quase impossível conversar com meu pai. Quando a gente conseguia estabelecer uma base comum de entendimento, meu pai apanhava sua pá e escavava a terra debaixo dos nossos pés.

Anos depois, quando minha irmã sofreu uma série de debilitantes surtos nervosos, meu pai continuou a acreditar que nada havia de errado com ela. Era como se ele fosse biologicamente incapaz de reconhecer a condição dela.

Em um de seus livros, R. D. Laing descreve o pai de uma moça catatônica que, em cada visita a ela, no hospital, a agarrava pelos ombros e a sacudia com toda a força, dizendo "livre-se disso". Meu pai não agarrava e sacudia minha irmã pelos ombros, mas sua atitude em essência era a mesma. O que ela precisa, dizia ele, é arranjar um emprego, para pôr a cabeça no lugar, começar a viver no mundo real. É claro que ela fez isso. Mas era exatamente o que não podia fazer. Ela é só muito sensível, dizia ele, precisa superar sua timidez. Ao domesticar o problema sob a forma de um subterfúgio da personalidade, meu pai podia continuar a crer que não havia nada de errado. Era menos uma cegueira do que uma deficiência de imaginação. Em que momento uma casa deixa de ser uma casa? Quando o telhado é removido? Quando as janelas são retiradas? Quando as paredes são postas abaixo? Em que momento a casa se transforma em um monte de escombros? Ela é só diferente, dizia meu pai, não há nada errado com ela. E então, um dia, as paredes da casa enfim desmoronam. Se a porta ainda permanece de pé, no entanto, tudo o que a gente tem a fazer é atravessá-la, e já está de novo do lado de dentro. É agradável dormir ao ar livre sob as estrelas. Não importa que chova. Não pode durar muito tempo.

Pouco a pouco, conforme a situação continuava a piorar cada vez mais, ele teve de começar a admitir. Porém, mesmo então, a cada etapa do caminho, seu modo de admitir era heterodoxo, assumia formas extravagantes, quase autodestrutivas. Convenceu-se, por exemplo, de que a única coisa capaz de ajudá-la era um programa de choque com uma terapia de megavitaminas. Essa era a abordagem química da doença mental. Embora nunca se tivesse comprovado que proporcionava uma cura efetiva, esse método de tratamento contava com numerosos adeptos. Dava para entender por que razão deve ter atraído meu pai. Em vez de ter de brigar com um fato emocional devastador, meu pai poderia considerar a doença como uma imperfeição física, algo que podia ser curado do mesmo jeito que se cura uma gripe. A doença tornou-se uma força exterior, uma espécie de vírus que podia ser erradicado com uma força exterior e oposta equivalente. A seus olhos, minha irmã poderia permanecer curiosamente intocada por tudo isso. Ela era simplesmente o *local* onde a batalha seria travada, o que significava que tudo o que estava acontecendo não afetava de fato a *ela*.

Meu pai passou vários meses tentando persuadi-la a começar aquele programa de megavitaminas — chegou até ao ponto de tomar ele mesmo as pílulas para provar que ela não seria envenenada —, e quando, enfim, minha irmã concordou, não tomou as pílulas por mais do que uma ou duas semanas. As vitaminas eram caras, mas ele não se furtou a gastar o dinheiro. Por outro lado, resistia furiosamente a pagar por outros tipos de tratamento. Não acreditava que um estranho pudesse de algum modo se importar com o que acontecia com minha irmã. Os psiquiatras eram todos charlatões, interessados apenas em arrancar até o último centavo de seus pacientes e dirigir carros espalhafatosos. Ele se recusava a pagar as contas, o que a restringia ao atendimento mais rasteiro no serviço de saúde pública. Ela vivia muito pobre, sem nenhum provento próprio, mas meu pai não lhe mandava quase nada.

No entanto estava sempre disposto a tomar nas mãos o controle da situação. Embora isso não pudesse beneficiar nenhum dos dois, quis que minha irmã fosse morar na sua casa, de modo que pudesse ser o responsável pelos cuidados com ela. Pelo menos ele podia confiar nos próprios sentimentos, e sabia que tinha afeição por ela. Mas então, quando minha irmã veio de fato para sua casa (durante alguns meses, após uma de suas temporadas no hospital), ele não quebrou sua rotina normal a fim de acomodá-la — continuou a passar a maior parte do tempo fora de casa, deixando-a tagarelar sozinha pela casa enorme feito um fantasma.

Meu pai era negligente e teimoso. No entanto, por baixo de tudo isso, sei que ele sofria. Às vezes, ao telefone, quando eu e ele discutíamos sobre minha irmã, eu podia ouvir sua voz fraquejar muito de leve, como se tentasse sufocar um soluço. Ao contrário de tudo o mais a que meu pai se opôs, a doença de minha irmã finalmente *comoveu-o* — mas apenas para deixá-lo com uma sensação de completo desamparo. Temos de aceitar, mesmo se não podemos. E quanto mais o aceitamos, maior se torna nosso desespero.

Seu desespero tornou-se muito grande.

Vagando pela casa, hoje, sem nenhum propósito, deprimido, com a sensação de que comecei a perder contato com o que estou escrevendo, topei por acaso com estas palavras em uma carta de Van Gogh: "Como todo mundo, sinto necessidade de família e de amizade, afeição e relações amistosas. Não sou feito de pedra ou de ferro, como um hidrante ou um poste de luz".

Talvez seja isso que realmente conta: chegar ao cerne do sentimento humano, apesar de todas as provas em contrário.

Aquelas imagens minúsculas: incorrigíveis, alojadas no lodo da memória, nem sepultadas, nem plenamente recuperáveis. E no entanto cada uma delas, em si mesma, uma fugaz ressurreição, um instante que de outro modo estaria perdido. O jeito que ele caminhava, por exemplo, com um equilíbrio esquisito, pulando nos calcanhares, como se estivesse prestes a arremeter para a frente, às cegas, rumo ao desconhecido. Ou seu jeito de se curvar sobre a mesa quando comia, os ombros tensos, sempre meramente ingerindo a comida, nunca a saboreando. Ou então os cheiros que exalavam dos carros que ele usava para ir ao trabalho: fumaça, óleo que vazava, escapamento; um monte de frias ferramentas de metal; o incessante chocalhar enquanto o carro andava. Uma recordação do dia em que fui de carro com ele pelo centro de Newark, não tinha mais do que seis anos de idade, e ele de repente pisou no freio com toda a força, o solavanco atirou minha cabeça de encontro ao painel do carro: o repentino enxame de negros ao redor do carro para ver se eu estava bem, sobretudo a mulher que enfiou um sorvete de baunilha através da janela aberta e eu respondi "não, obrigado", muito educadamente, aturdido demais para saber o que eu queria de fato. Ou então um outro dia, em outro carro, alguns anos depois, quando meu pai cuspiu no vidro da janela, e só então percebeu que ela não estava aberta, e meu deleite ilimitado, irracional, ao ver a saliva escorrer pelo vidro. E ainda, quando menino, como às vezes meu pai me levava para restaurantes judeus em bairros aonde eu nunca tinha ido, lugares escuros, cheios de velhos, cada mesa enfeitada com uma garrafa de água mineral pintada de azul, e como eu ia ficando com náuseas, deixava minha comida intacta no prato e me contentava em ver meu pai devorar ferozmente o *borscht*, o *pirogen* e carnes cozidas cobertas com raiz-forte. Eu, que era criado como um garoto americano, que sabia menos sobre meus antepassados do que a respeito do chapéu do herói de faroeste Hopalong Cassidy. Ou na vez que, quando eu tinha doze ou treze anos e queria desesperadamente ir para algum lugar com uns amigos, telefonei para o trabalho dele para pedir sua permissão e meu pai, embaraçado, sem saber direito como reagir, falou "vocês não passam de um bando de iniciantes", e como, quatro anos depois, eu e meus amigos (um deles já morto por causa de uma superdose de heroína) repetiríamos aquelas palavras como um conto folclórico, uma anedota nostálgica.

O tamanho das mãos dele. Seus calos.

Comer a película que recobria o chocolate quente.

Chá com limão.

Os vários óculos pretos, de aros de chifre, espalhados por toda a casa: nas bancadas da cozinha, em cima das mesas, na beirada da pia do banheiro — sempre abertos, largados ali como um tipo estranho e inclassificável de animal.

Ver meu pai jogando tênis.

O jeito que seus joelhos às vezes se dobravam quando caminhava.

Seu rosto.

Sua semelhança com Abraham Lincoln, e como as pessoas sempre reparavam nisso.

Sua falta de medo de cães.

Seu rosto. E de novo, seu rosto.

Peixes tropicais.

Com frequência, ele parecia perder a concentração, esquecer onde estava, como se tivesse perdido a sensação da própria continuidade. Isso o tornava propenso a acidentes: unhas esmagadas por golpes de martelo, numerosos e pequenos acidentes no carro.

Sua distração ao dirigir: o modo como às vezes isso se tornava apavorante. Sempre achei que uma batida é que ia acabar com ele.

Por outro lado, sua saúde era tão boa que parecia invulnerável, imune aos males físicos que afligiam o resto de nós. Como se nada pudesse jamais tocá-lo.

Seu jeito de falar: como se fizesse um grande esforço para emergir da sua solidão, como se sua voz estivesse enferrujada, houvesse perdido o hábito de falar. Ele sempre pigarreava e hesitava muito ao falar, limpava a garganta, parecia engasgar com perdigotos no meio da frase. A gente sentia, de forma muito clara, que ele estava constrangido.

Do mesmo modo, quando menino, sempre me divertia ver meu pai assinar seu nome. Ele não conseguia simplesmente pôr a ponta da caneta no papel e escrever. Como se adiasse de forma inconsciente a hora da verdade, ele sempre fazia um breve floreio preliminar, um movimento circular a quatro ou cinco centímetros da página, como um inseto zumbindo no ar e ajustando a mira no seu alvo, antes de poder baixar e pôr mãos à obra. Era uma versão modificada do jeito que o Norton de Art Carney assinava o nome em *The Honeymooners*.

Ele até pronunciava as palavras de um modo um pouco esquisito. "*Upown*" por exemplo, em vez de "*upon*", como se o floreio da mão tivesse essa contrapartida na voz. Havia nela uma feição musical, etérea. Toda vez que atendia o telefone, era um cantado "alôôô" que nos saudava. O efeito era menos engraçado do que cativante. Fazia meu pai parecer ligeiramente doido, como se estivesse fora de compasso com o resto do mundo — mas não muito. Só um ou dois graus.

Cacoetes indeléveis.

Naquele ânimo amalucado, tenso, em que às vezes meu pai descambava, ele sempre saía com umas opiniões bizarras, sem que as levasse a sério na verdade, mas feliz de poder representar o papel de advogado do diabo, para manter o clima animado. Provocar as pessoas o deixava em um estado de grande entusiasmo e, depois de um comentário totalmente oco dirigido a alguém, muitas vezes ele dava um apertão na perna da pessoa — em um lugar que sempre fazia cócegas. Literalmente, ele gostava de pegar no pé da gente.

De novo a casa.

Por mais negligentes que seus cuidados parecessem vistos de fora, meu pai acreditava no seu método. Como um inventor maluco que protege o segredo de sua máquina de moto-contínuo, ele não toleraria que ninguém viesse se intrometer. Uma vez, quando minha esposa e eu estávamos de mudança, ficamos na casa dele por três ou quatro semanas. Julgando opressiva a escuridão da casa, levantamos as persianas para deixar a luz do dia entrar. Quando meu pai voltou do trabalho e viu o que tínhamos feito, se enfureceu de uma forma incontrolável, totalmente desproporcional a qualquer falta que pudéssemos ter cometido.

Esse tipo de raiva raramente ocorria com ele — só quando se sentia acuado, coagido, esmagado pela presença dos outros. Questões de dinheiro às vezes disparavam sua raiva. Ou então algum detalhe sem importância: as persianas da sua casa, um prato quebrado, alguma besteira insignificante.

No entanto, essa raiva estava dentro dele — creio que o tempo todo. Como a casa que estava sempre arrumada e no entanto se desfazia aos poucos por dentro, o homem em si era calmo, quase sobrenatural em sua impassibilidade, e contudo prisioneiro da força avassaladora e inexorável de uma fúria interior. Por toda a vida, lutou para evitar um confronto com essa força, desenvolvendo uma espécie de comportamento automático que lhe permitiria passar ao largo dela. Confiança em rotinas fixas o libertaram da necessidade de olhar para dentro de si mesmo quando era preciso tomar decisões; o clichê vinha sempre com presteza aos seus lábios ("Um bebê lindo. Boa sorte com ele."), em vez de palavras que ele mesmo tivesse procurado. Tudo isso tendia a apagar os relevos da sua personalidade. Mas ao mesmo tempo era também aquilo que o salvava, aquilo que lhe permitia viver. Na medida em que era capaz de viver.

De uma bolsa de fotos avulsas: um truque fotográfico produzido em um estúdio de Atlantic City, em algum momento da década de 40. Várias fotos superpostas de meu pai sentado em torno de uma mesa, cada imagem de um ângulo diferente, de modo que a princípio pensamos ser um grupo de vários homens distintos. Em virtude das trevas que os envolvem e da completa imobilidade de suas poses, parece que se reuniram ali para promover uma sessão espírita. E então, quando examinamos melhor a fotografia, começamos a notar que todos aqueles homens são o mesmo homem. A sessão espírita se torna uma realidade e tem-se a impressão de que ele foi até lá só para invocar a si mesmo, trazer a si mesmo de volta do mundo dos mortos, como se, ao multiplicar-se, ele inadvertidamente tivesse feito desaparecer a si mesmo. Há cinco imagens dele ali e no entanto a natureza do truque fotográfico rejeita a possibilidade de contato visual entre as diferentes personificações. Cada uma está condenada a olhar fixamente para o vazio, como que por baixo do olhar dos outros, mas sem ver nada, sempre incapaz de enxergar o que quer que seja. É um retrato da morte, o retrato de um homem invisível.

Lentamente, vou compreendendo o absurdo da tarefa de que me incumbi. Tenho a sensação de tentar ir a algum lugar, como se eu soubesse o que quero dizer, mas quanto mais longe vou, mais seguro me sinto de que o caminho rumo ao meu objetivo não existe. Tenho de inventar a estrada a cada passo e isso significa que nunca posso ter certeza de onde me encontro. Uma sensação de andar em círculos, de sempre voltar atrás pelo mesmo caminho, de partir em várias direções ao mesmo tempo. E mesmo que eu consiga fazer algum progresso, não estou nem um pouco convencido de que vá me levar aonde penso estar indo. Só porque vagamos sem rumo no deserto não significa que exista uma terra prometida.

Quando comecei, achei que a coisa viria de forma espontânea, de um jato, semelhante a um transe. Tão grande era a minha necessidade de escrever que achei que a história se escreveria a si mesma. Mas as palavras até aqui vieram muito devagar. Mesmo nos melhores dias não fui capaz de escrever mais do que uma ou duas páginas. Pareço atormentado, assolado por alguma incapacidade mental de me concentrar no que estou fazendo. Vezes seguidas, vi meus pensamentos se desviarem do objeto à minha frente. Tão logo penso uma coisa, ela evoca uma outra, depois outra, até que há um acúmulo de detalhes tão densos que sinto que vou sufocar. Nunca antes estive tão consciente da fenda que separa pensar e escrever. Nos últimos dias, de fato, comecei a sentir que a história que tento contar é de algum modo incompatível com a linguagem, que o grau de sua resistência à linguagem dá a medida exata do quanto me aproximei de dizer algo importante, e que quando chegar o momento de eu dizer a única coisa verdadeiramente importante (supondo que ela exista), não serei capaz de dizê-la.

Houve uma ferida, e agora me dou conta de que é muito profunda. Em vez de me curar, como pensei que fosse acontecer, o ato de escrever manteve essa ferida aberta. Algumas vezes, cheguei até a sentir sua dor concentrada na minha mão direita, como se toda vez que eu pegava a caneta e pressionava a ponta sobre o papel minha mão estivesse sendo arrancada do braço. Em lugar de enterrar meu pai, para mim, estas palavras o mantiveram vivo, talvez mais do que nunca. Não só o vejo como era, mas como é, como será, e todo dia ele está aqui, invade meus pensamentos, me toma de assalto sem avisar: deitado no caixão sob a terra, seu corpo ainda intacto, as unhas e o cabelo continuam a crescer. A sensação de que, se quero mesmo compreender alguma coisa, preciso penetrar nessa imagem de trevas, preciso penetrar na absoluta escuridão da terra.

Kenosha, Wisconsin. 1911 ou 1912. Nem ele tinha certeza da data. Na barafunda de uma numerosa família de imigrantes, registros de datas de nascimento não podiam ser considerados muito importantes. O que interessa é que foi o último dos cinco filhos que sobreviveram — uma menina e quatro meninos, todos nascidos em um período de oito anos —, e que sua mãe, uma mulher pequenina, feroz, que mal conseguia falar inglês, mantinha a família unida. Era a matriarca, a ditadora absoluta, a força motora que se situava no centro do universo.

O pai dele morreu em 1919, o que significa que, exceto pelos primeiros anos da infância, ele não teve pai. Na minha própria infância, ele me contou três histórias distintas sobre a morte do seu pai. Em uma versão, tinha morrido em um acidente de caça. Em outra, caíra de uma escada. Na terceira, levara um tiro na Primeira Guerra Mundial. Eu sabia que essas contradições não faziam sentido nenhum, mas supus que isso significava que nem mesmo meu pai tinha conhecimento dos fatos. Como era muito pequeno quando aconteceu — só sete anos —, imaginei que nunca lhe tivessem contado a história exata. Só que isso também não fazia sentido. Um dos irmãos sem dúvida teria contado a verdade para ele.

Todos os meus primos, entretanto, me disseram que também tinham ouvido explicações diferentes de seus pais.

Ninguém jamais falava do meu avô. Até alguns anos atrás, eu nunca vira uma foto dele. Era como se a família tivesse resolvido fingir que ele nunca havia existido.

Entre as fotos que encontrei na casa do meu pai no mês passado havia um retrato de família daqueles primeiros tempos em Kenosha. Todos os filhos estão lá. Meu pai, com não mais de um ano de idade, sentado no colo da mãe, e os outros quatro de pé em torno dela, na grama muito alta. Há duas árvores atrás deles e uma ampla casa de madeira atrás das árvores. Um mundo inteiro parece emergir desse retrato: uma época bem definida, um lugar bem definido, um indestrutível sentimento do passado. Na primeira vez que olhei para a fotografia, reparei que tinha sido rasgada ao meio e depois colada de forma tosca, deixando uma das árvores ao fundo misteriosamente suspensa no ar. Julguei que a foto fora rasgada por acidente e não pensei mais no assunto. Na segunda vez que olhei para ela, porém, examinei essa rasgadura mais detidamente e descobri coisas que eu devia estar cego para não ter notado antes. Vi as pontas dos dedos de um homem segurando o torso de um de meus tios; vi, de forma bem nítida, que outro de meus tios não estava apoiando a mão nas costas do irmão, como eu pensara a princípio, mas em uma cadeira que não estava ali. E depois me dei conta do que era esquisito na fotografia: meu avô fora suprimido. A imagem estava distorcida porque parte dela fora eliminada. Meu avô estivera sentado em uma cadeira ao lado da esposa com um dos filhos de pé entre seus joelhos — e ele não estava ali. Só as pontas dos dedos permaneceram: como se ele tentasse voltar sorrateiramente para a fotografia, vindo de algum profundo buraco no tempo, como se tivesse sido exilado para uma outra dimensão.

A coisa toda me fez tremer.

Vim a saber a história de meu avô algum tempo atrás. Se não fosse uma coincidência extraordinária, nunca a conheceria.

Em 1970, uma de minhas primas foi à Europa de férias com o marido. No avião, ela se viu sentada ao lado de um velho e, como ocorre muitas vezes, os dois começaram a conversar para passar o tempo. Acontece que esse homem tinha morado em Kenosha, Wisconsin. Minha prima ficou admirada com a coincidência e comentou que o pai dela havia morado lá, quando menino. Por curiosidade, o homem perguntou qual o nome da sua família. Quando lhe respondeu que era Auster, ele ficou pálido. Auster? Sua avó não era uma louca miudinha de cabelo vermelho, era? Sim, minha avó era assim mesmo, respondeu minha prima. Uma louca miudinha de cabelo vermelho.

E então ele lhe contou a história. Fazia mais de cinquenta anos que tinha acontecido e mesmo assim ele se lembrava dos detalhes importantes.

Quando esse homem voltou para casa, após as férias, reuniu as matérias de jornal relativas à história, tirou fotocópias e enviou para minha prima. Esta era a carta que acompanhava as matérias:

15 de junho de 1970

Prezados ____ e ____

Foi bom receber sua carta e, embora parecesse que a tarefa ia ser complicada, tive um golpe de sorte. Fran e eu saímos para jantar com Fred Plons e sua esposa, e foi o pai de Fred que comprou o prédio de apartamentos na Park Avenue que pertenceu à sua família. O senhor Plons é uns três anos mais novo do que eu, mas explica que o caso (na época) o fascinava e ainda hoje recorda alguns detalhes. Afirmou que seu avô foi a primeira pessoa a ser enterrada no cemitério judaico aqui em Kenosha. (Antes de 1919, os judeus não tinham cemitério próprio em Kenosha e levavam seus entes queridos para serem sepultados em Chicago ou Milwaukee.) De posse dessa informação, não tive a menor dificuldade para localizar a sepultura onde seu avô está enterrado. E pude determinar com exatidão a data. O resto está nas cópias que estou enviando para vocês.

Só peço que seu pai nunca venha a saber dessas informações que estou transmitindo a vocês — não gostaria que ele sofresse mais do que já sofreu...

Espero que isso lance alguma luz nas ações de seu pai ao longo dos anos.

Saudações muito afetuosas aos dois.

Ken & Fran

As matérias de jornal estão na minha escrivaninha. Agora que veio a hora de escrever sobre elas, me surpreendo por descobrir que faço tudo o que posso para adiar o assunto. Protelei o trabalho a manhã inteira. Levei o lixo para a lixeira. Brinquei com Daniel no quintal durante quase uma hora. Li o jornal inteirinho — até o placar dos jogos-treino de beisebol da temporada da primavera. Mesmo agora, quando escrevo sobre minha relutância em escrever, me sinto incrivelmente agitado: mesmo depois de algumas palavras, me levanto de um salto da cadeira, ando pelo quarto, escuto o vento lá fora enquanto ele sacode as calhas frouxas de encontro à casa. A coisa mais insignificante me distrai.

Não é que tenha medo da verdade. Tampouco temo dizê--la. Minha avó assassinou meu avô. No dia 23 de janeiro de 1919, exatamente sessenta anos antes de meu pai morrer, a mãe dele matou o marido com um tiro de revólver na cozinha da sua casa na avenida Fremont, em Kenosha, Wisconsin. Os fatos em si não me perturbam mais do que se poderia esperar. O difícil é vê-los impressos — exumados, por assim dizer, do reino dos segredos e convertidos em um acontecimento público. Há mais de vinte matérias de jornal, na maioria extensas, todas elas do *Kenosha Evening News*. Mesmo em precárias condições de leitura, quase completamente escurecidas pelo tempo e pelos caprichos da máquina de fotocópia, elas ainda conservam o poder de chocar. Suponho que sejam típicas do jornalismo da época, mas isso não as torna menos sensacionais. São uma mistura de escândalo e sentimentalismo, reforçadas pelo fato de que os envolvidos eram judeus — e portanto estranhos, quase por definição —, o que confere a todo o relato um tom de desdém e desconfiança. E no entanto, pondo de lado os defeitos de estilo, os fatos parecem estar ali. Não creio que expliquem tudo, mas não há dúvida de que explicam muita coisa. Um garoto não pode passar por tudo isso sem que seu comportamento, quando homem, seja afetado.

À margem dessas reportagens, mal consigo decifrar algumas das notícias menores da época, fatos relegados quase à total insignificância em comparação com o assassinato. Por exemplo: o resgate do cadáver de Rosa Luxemburgo do canal Landwehr. Por exemplo: a conferência de paz de Versalhes. E assim por diante, dia após dia, passando por: o caso de Eugene Debs; uma notinha sobre o primeiro filme de Caruso ("as cenas [...] dizem que são altamente dramáticas e repletas de lances de partir o coração"); reportagens sobre batalhas da guerra civil na Rússia; os funerais de Karl Liebnecht e de trinta e um espartaquistas ("mais de 50 mil pessoas marcharam na passeata que se estendia por oito quilômetros. Vinte por cento dessas pessoas levavam coroas de flores. Não houve gritos nem aplausos"); a ratificação da emenda que proibia bebidas alcoólicas ("William Jennings Bryan — o homem que deu fama ao suco de uva — estava lá com um largo sorriso"); a greve do setor têxtil em Lawrence, Massachusetts, liderada pelos Wobblies; a morte de Emiliano Zapata, "chefe dos bandoleiros no Sul do México"; Winston Churchill; Bela Kun; o *Premier* Lênin (sic); Woodrow Wilson; Dempsey contra Willard.

Reli as matérias sobre o assassinato uma dúzia de vezes. Mesmo assim acho difícil acreditar que eu não esteja sonhando. Elas avultam à minha frente com toda a força de um truque do inconsciente, que distorce a realidade do mesmo modo que os sonhos. Uma vez que as enormes manchetes que anunciam o assassinato fazem parecer pequenas todas as outras coisas ocorridas no mundo naquele dia, dão ao fato a mesma importância egocêntrica que damos às coisas que acontecem em nossa vida privada. É quase como o desenho que uma criança traça quando dominada por algum temor inexprimível: o mais importante é sempre o maior. A perspectiva se perde em benefício da proporção — que é determinada não pelo olho, mas sim pelas exigências da mente.

Li as matérias como se fossem história. Mas também como um desenho feito nas cavernas, descoberto nas paredes internas de meu próprio crânio.

As manchetes do primeiro dia, 24 de janeiro, ocupam mais de um terço da primeira página.

HARRY AUSTER MORTO

ESPOSA DETIDA PELA POLÍCIA

_____

Famoso corretor de imóveis é assassinado a tiros
na cozinha da casa da esposa
na noite de quinta-feira após uma briga de família
por causa de dinheiro — e de uma mulher.

_____

ESPOSA DIZ QUE MARIDO ERA SUICIDA

_____

Morto tinha ferida de bala no pescoço e no quadril esquerdo
e esposa admite que revólver que fez o disparo era
seu — filho de nove anos de idade, testemunha da tragédia,
pode ter solução do mistério.

_____

Segundo o jornal, "Auster e a esposa haviam se separado algum tempo antes e corria uma ação de divórcio no Tribunal Distrital do condado de Kenosha. Por várias vezes, haviam tido problemas devido a questões de dinheiro. Também haviam discutido o fato de Auster [ilegível] amigavelmente com uma moça conhecida pela esposa como 'Fanny'. Acredita-se que 'Fanny' tenha motivado o desentendimento entre Auster e a esposa, que antecedeu o tiro [...]".

Como minha avó não confessou o crime até o dia 28, houve certa confusão sobre o que teria mesmo acontecido. Meu avô (que tinha trinta e seis anos) chegou à casa às seis horas da tarde, com "conjuntos de roupas" para os dois filhos mais velhos, "enquanto, segundo testemunhas, a senhora Auster se achava no quarto pondo Sam, o filho mais novo, na cama. Sam [meu pai] declarou que não viu a mãe pegar o revólver debaixo do colchão enquanto ele era acomodado sob as cobertas para dormir".

Parece que meu avô foi então à cozinha consertar um interruptor de luz e um de meus tios (o segundo filho mais novo) segurou uma vela para que ele pudesse enxergar. "O menino declarou que teve um ataque de pânico quando ouviu o tiro e viu o clarão de um revólver, e fugiu correndo da cozinha." Segundo minha avó, o marido se suicidara. Admitiu que vinham discutindo por causa de dinheiro e "depois ele disse, prosseguiu ela, 'vai chegar o fim, para mim ou para você', e me ameaçou. Eu não sabia que ele estava com o revólver. Eu o mantinha debaixo do colchão da cama e ele sabia disso".

Como minha avó quase não sabia falar inglês, suponho que essa afirmação, e todas as demais a ela atribuídas, tenham sido inventadas pelo repórter. O que quer que tenha dito, a polícia não acreditou nela. "A senhora Auster repetiu sua história para vários policiais sem apresentar nenhuma alteração importante no relato e demonstrou muita surpresa quando soube que a polícia a manteria presa. Com grande carinho, deu um beijo de boa-noite no pequeno Sam e depois seguiu para a cadeia municipal.

"Os dois pequenos Auster ficaram hospedados na delegacia de polícia na noite passada, dormindo na sala do esquadrão, e nesta manhã os meninos estavam, ao que parece, inteiramente recuperados de todo e qualquer pavor que tenham sofrido em consequência da tragédia em sua casa."

No final da matéria, dão a seguinte informação a respeito de meu avô: "Harry Auster era austríaco. Veio para este país há vários anos e morou em Chicago, no Canadá e em Kenosha. Ele e a esposa, segundo a história relatada à polícia, voltaram mais tarde para a Áustria, mas ela reencontrou-se com o marido neste país na época em que vieram para Kenosha. Auster comprou várias casas no segundo distrito e por algum tempo suas iniciativas foram de grande escala. Construiu um grande prédio de três pavimentos na avenida South Park e um outro, conhecido pelo nome de Auster Flats, na rua South Exchange. Seis ou sete meses atrás, sofreu reveses financeiros [...].

"Faz algum tempo, a senhora Auster pediu à polícia que a ajudasse a vigiar o senhor Auster, pois, segundo ela, vinha tendo relações com uma moça que, na opinião dela, devia ser investigada. Foi dessa maneira que a polícia ouviu falar pela primeira vez da mulher chamada 'Fanny' [...].

"Muita gente viu e falou com Auster na quinta-feira à tarde, e todas essas pessoas declararam que ele parecia estar normal e não demonstrava nenhum sinal de querer tirar a própria vida [...]."

No dia seguinte, ocorreu o inquérito com o juiz de instrução. Meu tio, como única testemunha do incidente, foi chamado para depor. "Um garotinho de olhos tristes, torcendo nervosamente nas mãos seu gorro de tricô, escreveu o segundo capítulo do mistério do assassinato de Auster, na tarde de sexta-feira [...]. Suas tentativas de salvar o nome da família foram tragicamente patéticas. Por vezes seguidas, quando indagado se seus pais estavam brigando, ele respondia: 'Só estavam conversando', até que, por fim, ao que parece lembrando-se do juramento que tinha feito, acrescentou: 'E talvez brigando — bem, só um pouquinho'." A matéria do jornal se refere ao magistrado como "extraordinariamente comovido com os esforços do menino para proteger tanto o pai quanto a mãe".

Obviamente a tese de suicídio não ia colar. No último pará-grafo, o repórter escreve que "desdobramentos de natureza assombrosa foram sugeridos pelos policiais".

Em seguida veio o enterro. Isso deu ao repórter anônimo a oportunidade de emular o mais requintado estilo do melodrama vitoriano. A essa altura, o assassinato não era meramente um escândalo. Fora convertido em um entretenimento eletrizante.

VIÚVA NÃO CHORA NO TÚMULO DE AUSTER

A senhora Anna Auster, sob vigilância de policiais, acompanha o enterro do marido, Harry Auster, domingo.

"Sem lágrimas e sem o menor sinal de emoção ou dor, a senhora Harry Auster, presa por estar ligada à morte misteriosa do marido, Harry Auster, acompanhou no domingo de manhã, sob vigilância policial, os funerais do homem por cuja morte ela é mantida na prisão.

"Nem na capela Crossin, onde olhou para o rosto morto do marido pela primeira vez desde a noite de quinta-feira, nem no cemitério, ela demonstrou o menor sinal de abatimento. O único indício que deu de fraquejar sob a terrível tensão da sua provação foi quando, junto ao túmulo, após as exéquias terem sido encerradas, ela solicitou uma conferência nessa tarde com o reverendo senhor Hartman, pastor da congregação de B'nai Zadek […].

"Quando os ritos foram concluídos, a senhora Auster com toda calma apertou a gola de pele de raposa mais firmemente em torno do pescoço e indicou à polícia que estava pronta para se retirar […].

"Após uma breve cerimônia, formou-se uma procissão fúne-bre na rua Wisconsin. A senhora Auster pediu que também fosse autorizada a ir ao cemitério e o pedido foi prontamente aceito pela polícia. Ela parecia muito contrariada com o fato de não ter sido providenciado nenhum transporte para ela, talvez recordan-do aquela breve temporada de prosperidade aparente, quando se via a limusine de Auster passar por Kenosha […].

"[...] A provação se prolongou de forma excepcional porque ocorreu um certo atraso na preparação do túmulo e, enquanto aguardava, ela chamou Sam, o filho mais novo, para junto dela, e apertou com mais firmeza a gola em torno do pescoço do menino. Conversou com ele serenamente mas, exceto por isso, se manteve em silêncio até depois de se encerrarem os rituais [...].

"Uma personalidade de destaque no enterro era Samuel Auster, de Detroit, o irmão de Harry Auster. Tomou especialmente a seus cuidados os filhos menores do falecido e tentou consolá-los em sua dor.

"Em suas palavras e atitudes, Auster mostrou-se muito abalado com a morte do irmão. Deixou bem claro que não acreditava na teoria de suicídio e emitiu comentários que deixavam no ar uma acusação contra a viúva [...].

"O reverendo senhor Hartman [...] pregou um sermão eloquente junto ao túmulo. Lamentou o fato de que a primeira pessoa a ser enterrada no novo cemitério fosse alguém morto de forma violenta e ainda no auge da sua vitalidade. Prestou homenagem às realizações de Auster mas deplorou sua morte prematura.

"A viúva parecia impassível diante dos tributos prestados a seu marido morto. Com indiferença, abriu o casaco para permitir que o patriarca cortasse um pedaço de seu suéter de malha, um símbolo de pesar prescrito pela fé hebraica.

"Os policiais de Kenosha não abrem mão da suspeita de que Auster tenha sido morto pela esposa [...]."

O jornal do dia seguinte, 28 de janeiro, trazia a notícia da confissão. Após seu encontro com o rabino, ela solicitara uma conferência com o chefe de polícia. "Quando entrou na sala, tremia um pouco e estava nitidamente agitada enquanto o chefe de polícia lhe oferecia uma cadeira. 'A senhora sabe o que seu filho menor nos contou', disse ele, quando compreendeu que o momento psicológico havia chegado. 'A senhora não quer que pensemos que ele está mentindo, quer?' E a mãe, cujo rosto esteve durante vários dias tão encoberto por uma máscara a ponto de não revelar absolutamente nada do horror oculto sob ela, rasgou sua camuflagem, tornou-se repentinamente afável e, entre soluços, contou seu segredo. 'Ele não está mentindo nem um pouco; tudo o que disse é verdade. Dei um tiro nele e quero fazer uma confissão.'"

Sua declaração formal foi a seguinte: "Meu nome é Anna Auster. Dei um tiro em Harry Auster na cidade de Kenosha, Wisconsin, no dia 23 de janeiro de 1919. Soube que algumas pessoas disseram ter ouvido três disparos, mas não me lembro de quantos tiros foram disparados naquele dia. Meu motivo para atirar no citado Harry Auster está ligado ao fato de que ele, o citado Harry Auster, me insultou. Eu estava como que enlouquecida quando atirei no citado Harry Auster. Nunca pensei em dar um tiro nele, o citado Harry Auster, até o momento em que disparei o revólver contra ele. Acho que esta é a arma com que atirei no citado Harry Auster. Faço esta declaração por minha livre vontade e sem ter sido forçada a fazê-la".

O repórter prossegue: "Sobre a mesa diante da senhora Auster, jazia o revólver com o qual seu marido fora assassinado. Enquanto ela falava sobre o caso, tocou na arma com hesitação e em seguida recuou a mão com um visível tremor de medo. Sem dizer nada, o chefe de polícia pôs a arma de lado e perguntou à senhora Auster se havia mais alguma coisa que desejava declarar.

"'Por ora, isso é tudo', respondeu ela serenamente. 'Assine a declaração por mim e depois eu farei um X.'

"Suas ordens — por um instante ela pareceu quase imperial outra vez — foram seguidas, ela reconheceu a assinatura e pediu para ser levada de volta para sua cela [...]."

Durante a indiciação no dia seguinte, seu advogado deu entrada em uma contestação de culpa. "Encapotada em um casaco e em um cachecol de pele de raposa, a senhora Auster entrou na sala do tribunal [...]. Sorriu para uma amiga na multidão quando ocupou seu assento diante da mesa do juiz."

Segundo o próprio repórter admite, a audiência transcorreu "sem novidades". No entanto, ele não pôde deixar de fazer a seguinte observação: "Um incidente aconteceu por ocasião da sua volta para a cela gradeada, o qual suscitou comentários acerca do estado mental da senhora Auster.

"Uma mulher, presa sob a acusação de se associar a um homem casado, fora trazida para a cadeia a fim de ficar encarcerada em uma cela vizinha. Ao vê-la, a senhora Auster perguntou a respeito da recém-chegada e tomou conhecimento dos detalhes do caso.

"'Essa mulher devia pegar dez anos', disse ela, quando a porta de ferro bateu sem compaixão. 'Foi uma dessas que me pôs aqui.'"

Após alguns debates legais intrincados acerca da fiança, relatados minuciosamente nas reportagens dos dias seguintes, minha avó foi posta em liberdade. "'Os senhores têm certeza de que essa mulher vai comparecer ao julgamento?', indagou o juiz aos advogados. Foi o advogado Baker que respondeu: 'Aonde uma mulher com cinco filhos pequenos como esses poderia ir? Ela é agarrada a eles e a corte pode ver muito bem como os filhos são agarrados a ela'."

Durante uma semana, a imprensa ficou quieta. Então, no dia 8 de fevereiro, surgiu uma matéria sobre "o apoio firme que a questão vinha recebendo por parte de alguns jornais de língua hebraica de Chicago. Alguns desses jornais continham colunas que debatiam o caso da senhora Auster e diz-se que esses artigos argumentam com vigor em sua defesa [...].

"Sexta-feira à tarde, a senhora Auster, com um de seus filhos, foi ao escritório de seu advogado e, sentada, acompanhou a leitura de passagens desses artigos. Soluçava como uma criança enquanto o intérprete lia para o advogado o conteúdo desses jornais [...].

"O advogado Baker declarou esta manhã que a defesa da senhora Auster seria baseada em insanidade emocional [...].

"Espera-se que o processo da senhora Auster seja um dos mais interessantes julgamentos por crime de assassinato jamais ocorridos no Tribunal Distrital do condado de Kenosha e a história de interesse humano que foi apresentada até agora em defesa da mulher deverá se desenvolver amplamente durante o julgamento."

***

Depois, nada durante um mês. No dia 10 de março, as manchetes diziam:

ANNA AUSTER TENTOU SUICÍDIO

A tentativa de suicídio teve lugar em Peterboro, Ontário, em 1910 — por ingestão de ácido carbólico e em seguida abrindo o gás. O advogado trouxe essa informação perante a corte com o propósito de garantir um adiamento no julgamento, de modo a ter tempo suficiente para conseguir declarações escritas e assinadas. "O advogado Baker sustentou que na mesma ocasião a mulher pôs em risco a vida de dois de seus filhos e que a história da tentativa de suicídio era importante porquanto mostraria o estado mental da senhora Auster."

27 de março. O julgamento foi marcado para o dia 7 de abril. Depois disso, outra semana de silêncio. E então, no dia 4 de abril, como se as coisas estivessem ficando um pouco enfadonhas demais, um novo desdobramento.

AUSTER DÁ UM TIRO NA VIÚVA DO IRMÃO

"Sam Auster, irmão de Harry Auster [...], fez uma tentativa frustrada de vingar a morte do irmão pouco depois das dez horas desta manhã quando atirou na senhora Auster [...]. O disparo ocorreu em frente à mercearia Miller [...].

"Auster seguiu a senhora Auster através da porta em direção à rua e deu um tiro contra ela. A senhora Auster, embora não tenha sido atingida pela bala, tombou na calçada, e Auster voltou para a loja declarando, segundo testemunhas: 'Bem, estou contente de ter feito isso'. Ali, com toda calma, esperou que viessem prendê-lo [...].

"Na delegacia de polícia [...] Auster, inteiramente transtornado pelo nervosismo, deu suas explicações para o fato de ter atirado.

"'Essa mulher', disse ele, 'matou meus quatro irmãos e minha mãe. Tentei ajudá-la mas ela não quis.' Em seguida, quando estava sendo levado para a cela, disse, entre soluços: 'Deus vai ficar do meu lado, tenho certeza disso'.

"Em sua cela, Auster declarou ter tentado tudo o que estava a seu alcance para ajudar os filhos do irmão morto. O fato de o tribunal haver recusado sua indicação como curador do patrimônio do irmão, sob alegação de que a viúva tinha certos direitos no caso, atormentou sua mente nos últimos tempos [...]. 'Ela não é uma viúva', comentou ele por ocasião do incidente desta manhã. 'É uma assassina e não deveria ter direito nenhum [...].'

"Auster não será processado de imediato para que se faça antes uma investigação minuciosa do caso. A polícia admite que a morte do irmão e os fatos subsequentes podem ter afligido sua mente de tal maneira que ele não fosse mais inteiramente responsável por seus atos. Auster expressou por diversas vezes a esperança de morrer também e estão sendo tomadas todas as precauções para evitar que ele dê fim à própria vida [...]."

O jornal do dia seguinte acrescentava: "Auster teve uma noite bastante agitada na prisão da cidade. Por várias vezes, os policiais o encontraram soluçando na cela e parecia estar histérico [...].

"Admitiu-se que a senhora Auster sofreu 'uma grave crise nervosa' em consequência do susto com o atentado contra sua vida, ocorrido na sexta-feira, mas garantiu-se que ela estaria em condições de se apresentar perante o tribunal quando a acusação contra ela entrasse em julgamento na tarde de segunda-feira."

Após três dias, a acusação deu por encerrada a apresentação das provas. Afirmando que o crime fora premeditado, o promotor se apoiou amplamente no testemunho de uma certa senhora Mathews, uma empregada da mercearia Miller, a qual declarou que "no dia dos tiros a senhora Auster veio à loja três vezes para usar o telefone. Em uma das vezes, disse a testemunha, a senhora Auster ligou para o marido e pediu que viesse à sua casa consertar um interruptor de luz. Segundo ela, Auster prometeu que iria às seis horas".

Mas mesmo que tivesse chamado o marido para vir à sua casa, isso não prova que tencionava matá-lo quando estivesse lá.

Em todo caso, não faz diferença. Quaisquer que fossem os fatos, o advogado de defesa, astutamente, virou tudo a seu favor. Sua estratégia consistiu em apresentar indícios esmagadores em duas frentes: de um lado, para provar a infidelidade por parte do meu avô e, de outro lado, para estabelecer um histórico de instabilidade mental por parte da minha avó — a combinação das duas coisas resultavam em um caso de homicídio justificado, ou homicídio "por motivo de insanidade". Qualquer um dos dois servia.

A exposição inicial do advogado Baker foi bem calculada para extrair do júri qualquer possível grama de solidariedade com a ré. "Ele contou como a senhora Auster se matou de trabalhar com o marido para construir o lar e a felicidade que, durante um tempo, foi deles, em Kenosha, depois de terem passado anos de privações [...]. 'Então, depois de terem trabalhado juntos para construir esse lar', prosseguiu o advogado Baker, 'surgiu essa sereia da cidade e Anna Auster foi posta de lado como um trapo. Em vez de fornecer comida para sua família, o marido dela sustentou Fanny Koplan em um apartamento de Chicago. O dinheiro que ela ajudara a acumular estava sendo esbanjado com uma mulher mais bonita e, depois de uma ofensa dessas, é por acaso de admirar que a mente da senhora Auster se conturbasse e que, temporariamente, ela tivesse perdido controle de sua razão?'."

A primeira testemunha de defesa foi a senhora Elizabeth Grossman, a única irmã de minha avó, que morava em uma fazenda perto de Brunswick, Nova Jersey. "Seu testemunho foi formidável. De maneira simples, contou toda a história da vida da senhora Auster; seu nascimento na Áustria; a morte da mãe quando a senhora Auster tinha apenas seis anos; a viagem com a irmã para este país oito anos depois; as longas horas de trabalho para confeccionar chapéus e bonés em chapelarias de Nova York; como a moça imigrante, graças a esse trabalho, acumulou algumas centenas de dólares. Falou sobre o casamento de Anna com Auster, logo depois do seu vigésimo terceiro aniversário, e sobre seus negócios; o seu fracasso ao abrir uma lojinha de doces e sua longa viagem para Lawrence, em Kansas, onde os dois tentaram recomeçar a vida e onde nasceu ____, o primeiro filho; a volta para Nova York e o segundo fracasso nos negócios, que terminou em falência, e a fuga de Auster para o Canadá; o abandono da esposa e dos filhos pequenos pelo pai e marido e como ele dissera que 'ia se virar sozinho' [sic] e como ele contara à esposa que estava levando cinquenta dólares, de modo que, se fosse encontrado morto, o dinheiro seria usado para lhe dar um enterro decente [...]. Ela disse que durante o tempo que eles moraram no Canadá, foram conhecidos por senhor e senhora Harry Ball [...].

"Uma pequena lacuna na história, que não pôde ser preenchida pela senhora Grossman, foi completada pelo ex-chefe de polícia Archie Moore e por Abraham Low, ambos do condado de Peterboro, Canadá. Esses homens contaram a partida de Auster de Peterboro e o sofrimento da esposa. Auster, disseram eles, deixou Peterboro no dia 14 de julho de 1909 e na noite seguinte Moore encontrou a senhora Auster em um quarto de sua pobre casinha sofrendo os efeitos do gás. Ela e os filhos estavam deitados em um colchão sobre o assoalho enquanto o gás jorrava de quatro bicos abertos. Moore também contou ter achado um frasco de ácido carbólico no quarto e que vestígios do ácido foram vistos nos lábios da senhora Auster. Ela foi levada ao hospital, declarou a testemunha, e ficou doente durante vários dias. Os dois homens afirmaram que, na sua opinião, não havia a menor dúvida de que a senhora Auster demonstrava sinais de insanidade na ocasião em que tentou se suicidar no Canadá."

Outros depoimentos foram prestados pelos dois filhos mais velhos, que relataram as atribulações domésticas da família. Falou-se muito a respeito de Fanny e também de frequentes brigas em casa. "Ele disse que Auster tinha o costume de atirar no chão pratos e vidros e que, uma vez, o braço de sua mãe sofreu um corte tão grave que foi necessário chamar o médico para cuidar dela. Declarou também que o pai usava palavras profanas e indecentes em relação à mãe, nessas ocasiões [...]."

Outra testemunha de Chicago atestou que, com frequência, viu minha avó bater a própria cabeça contra a parede, em acessos de perturbação mental. Um policial de Kenosha contou como "uma vez ele vira a senhora Auster correndo como uma louca pela rua. Afirmou que seu cabelo estava 'mais ou menos' desgrenhado e acrescentou que ela agia como uma mulher que tivesse perdido a razão". Um médico também foi convocado a depor e respondeu que ela sofria de "mania aguda".

O depoimento de minha avó durou três horas. "Entre soluços sufocados e o recurso às lágrimas, ela contou a história de sua vida com Auster até o momento do 'acidente' [...]. A senhora Auster suportou muito bem a provação de ser interrogada ao mesmo tempo pela defesa e pela acusação e sua história foi recontada três vezes quase exatamente da mesma maneira."

Em seu sumário, "o advogado Baker fez um apelo comovente e vigoroso em favor da libertação da senhora Auster. Em um discurso que durou quase uma hora e meia, recontou de forma eloquente a história da vida da senhora Auster [...] Por diversas vezes, a senhora Auster se comoveu até as lágrimas diante das afirmações de seu advogado e mulheres na plateia soluçaram várias vezes enquanto o advogado pintava o quadro da mulher imigrante que luta para se sustentar e manter o lar de seus filhos".

O juiz deu ao júri a opção de apenas dois veredictos: culpada ou inocente de assassinato. Levaram menos de duas horas para tomar sua decisão. Conforme relatou o boletim de 12 de abril: "Às quatro horas e trinta minutos desta tarde, o júri do julgamento da senhora Anna Auster entregou seu veredicto declarando a ré inocente".

14 de abril. "'Estou mais feliz agora do que estive durante dezessete anos', disse a senhora Auster na tarde de sábado, enquanto apertava a mão de cada um dos jurados, após a entrega do veredicto. 'Enquanto Harry estava vivo', disse ela a um deles, 'eu vivia preocupada. Nunca soube o que é a felicidade verdadeira. Agora eu lamento que ele tivesse de morrer pelas minhas mãos. Estou tão feliz agora como nunca pensei que seria [...]'.

"Enquanto a senhora Auster se retirava da sala do tribunal, foi acompanhada por sua filha [...] e os dois filhos menores, que aguardaram pacientemente na sala do tribunal a entrega do veredicto que libertou sua mãe [...].

"Na prisão do condado, Sam Auster [...] mesmo sem conseguir compreender o que aconteceu, diz estar disposto a se conformar com a decisão dos doze jurados [...].

"'Na noite passada, quando eu soube do veredicto', disse ele ao ser entrevistado na manhã de domingo, 'caí duro no chão.

Não conseguia acreditar que ela saísse totalmente livre depois de ter assassinado meu irmão e seu marido. É demais para mim. Não compreendo, mas agora vou deixar como está. Tentei uma vez acertar as coisas ao meu jeito e falhei, e não posso fazer nada agora a não ser aceitar o que o tribunal decidiu'."

No dia seguinte, ele também foi libertado. "'Vou voltar para o meu trabalho na fábrica', disse Auster para o promotor distrital. 'Logo que conseguir juntar dinheiro bastante, vou mandar fazer um busto de pedra no túmulo do meu irmão e depois voltarei todas as minhas energias para amparar os filhos de outro irmão, que vivia na Áustria e morreu em combate no exército austríaco.'

"A entrevista desta manhã trouxe à tona o fato de que Sam Auster é o último de cinco irmãos. Três morreram no exército austríaco na Primeira Guerra Mundial, todos eles mortos em combate."

No último parágrafo da última reportagem sobre o caso, o jornal conta que "a senhora Auster agora planeja partir com os filhos para o Leste, dentro de poucos dias [...]. Comenta-se que a senhora Auster resolveu agir desse modo aconselhada por seus advogados, que lhe disseram que deveria ter um novo lar e começar uma nova vida, sem que ninguém soubesse da história do julgamento".

Acredito que tenha sido um final feliz. Pelo menos para os leitores do jornal de Kenosha, para o astuto advogado Baker e, sem dúvida, para minha avó. Nada mais foi dito, é claro, sobre o destino da família Auster. O registro público termina com aquele anúncio da sua partida para o Leste.

Como meu pai raramente falava comigo sobre o passado, eu sabia muito pouca coisa do que havia acontecido depois. Mas, pelo pouco que mencionou, fui capaz de formar uma ideia bastante razoável do clima em que a família vivia.

Por exemplo, mudavam-se constantemente. Não era incomum que meu pai trocasse de escola duas ou até três vezes em um mesmo ano. Como não tinham dinheiro nenhum, a vida se tornou uma série de fugas de senhorios e credores. Em uma família que se havia quase fechado em torno de si mesma, esse nomadismo a mantinha inteiramente cercada por um muro. Não existiam pontos de referência duradouros; nenhuma casa, nenhuma cidade, nenhum amigo em que pudessem confiar. Só a própria família. Era quase como viver em quarentena.

Meu pai era o caçula e durante toda a vida continuou a venerar os irmãos mais velhos. Quando menino, era conhecido por Sonny. Tinha asma e alergia, era bom aluno, era ponta no time de futebol americano e correu na pista de 440 metros em Central High, em Newark. Formou-se no primeiro ano da Depressão, frequentou uma faculdade noturna de direito durante um ou dois anos, depois saiu, exatamente como seus irmãos haviam feito antes dele.

Os quatro irmãos viviam muito unidos. Havia algo quase medieval em sua lealdade mútua. Embora tivessem suas diferenças, e de várias maneiras nem sequer gostassem uns dos outros, penso neles não como quatro indivíduos distintos, mas como um clã, uma imagem quádrupla de solidariedade. Três deles — os três mais jovens — terminaram se tornando sócios e moravam na mesma cidade, e o quarto, que vivia apenas duas cidades depois, se estabeleceu nos negócios com a ajuda dos outros três. Raramente se passava um dia sem que meu pai visse os irmãos. Isso se aplica a toda sua vida: todos os dias durante mais de sessenta anos.

Adquiriam hábitos uns dos outros, modos de falar, pequenos gestos, que se entremeavam a tal ponto que era impossível determinar qual deles tinha sido a fonte de certas atitudes ou ideias. Os sentimentos de meu pai eram inflexíveis: nunca disse uma palavra contra nenhum dos irmãos. Mais uma vez, o outro se definia não pelo que fazia mas sim pelo que era. Se um dos irmãos por acaso o desrespeitasse ou fizesse algo condenável, meu pai mesmo assim se recusaria a criticá-lo. É meu irmão, diria ele, como se isso explicasse tudo. A condição de irmãos constituía o princípio fundamental, o postulado incontestável, o primeiro e único artigo de fé. Como a fé em Deus, questioná-lo era uma heresia.

Na condição de caçula, meu pai era o mais leal dos quatro irmãos e também o menos respeitado pelos outros. Trabalhava mais duro, era o mais generoso com os sobrinhos e as sobrinhas e no entanto isso nunca era plenamente reconhecido, e muito menos recompensado. Minha mãe lembra que no dia do seu casamento, na festa depois da cerimônia religiosa, um dos irmãos passou uma cantada nela. Se ele pretendia mesmo levar a cabo a aventura é uma outra história. Mas o simples fato de brincar desse modo com minha mãe dá uma ideia bem contundente de como ele se sentia em relação a meu pai. Não se faz uma coisa dessas em uma festa de casamento, mesmo se for o casamento do seu irmão.

No centro do clã estava minha avó, uma verdadeira mãe judia *Yokum*, a mãe que vinha para acabar com todas as mães. Bravia, obstinada, a chefe. Era a lealdade de todos a ela que mantinha os irmãos tão unidos. Mesmo quando adultos, já com esposas e filhos, eles iam fielmente à casa da mãe toda sexta-feira à noite para jantar — sem suas famílias. Esse era o relacionamento que de fato importava e tinha precedência em relação a tudo o mais. Devia haver algo ligeiramente cômico nisso: quatro homens crescidos, todos com mais de 1,80 metro de altura, fazendo as honras para uma velhinha quase meio metro mais baixa do que eles.

Uma das poucas vezes que os filhos vieram com suas esposas, um vizinho calhou de aparecer e se surpreendeu ao deparar com uma reunião tão numerosa. Esta é a sua família, senhora Auster?, perguntou ele. Sim, respondeu, com largos sorrisos de orgulho. Este é ＿＿. Este é ＿＿. Este é ＿＿. E este é Sam. O vizinho ficou um pouco admirado. E estas senhoras simpáticas, perguntou ele. Quem são? Ah, respondeu minha avó com um aceno vago da mão. Esta é ＿＿. Esta é ＿＿. Esta é ＿＿. E esta é a do Sam.

O retrato de minha avó pintado pelo jornal de Kenosha não era de modo algum inexato. Vivia para os filhos. (Advogado Baker: Aonde uma mulher com cinco filhos pequenos como esses poderia ir? Ela é agarrada a eles e a corte pode ver muito bem como os filhos são agarrados a ela.) Ao mesmo tempo, era uma tirana, dada a gritos e ataques histéricos. Quando se zangava, batia na cabeça dos filhos com uma vassoura. Exigia dedicação, e conseguia obtê-la.

Uma vez, quando meu pai economizara a enorme soma de dez ou vinte dólares na sua rota de entregador de jornais para comprar uma bicicleta nova, sua mãe entrou no quarto, espatifou seu cofre de porquinho e tomou o dinheiro dele sem sequer pedir desculpas. Precisava do dinheiro para pagar contas e meu pai não tinha nenhum apoio, nenhum modo de pôr para fora sua mágoa. Quando me contou essa história, seu propósito não era mostrar como sua mãe o maltratava, mas sim demonstrar como o bem da família era sempre mais importante do que o bem de qualquer um de seus membros. Talvez ele tenha ficado triste, mas não reclamou.

Era o reino do imprevisível. Para um menino, significava que o céu poderia desabar em cima dele a qualquer momento, que nunca poderia estar seguro de nada. Portanto, aprendeu a nunca confiar em ninguém. Nem em si mesmo. Sempre aparecia alguém para provar que o que ele pensava estava errado, que não`servia para nada. Aprendeu a nunca desejar demais alguma coisa.

Meu pai morou com a mãe até uma idade mais avançada do que a minha agora. Foi o último a sair de casa para viver sozinho, o irmão deixado para trás a fim de tomar conta da mãe. Seria errado dizer, porém, que era um filhinho da mamãe. Era demasiado independente, fora doutrinado pelos irmãos de forma muito severa, nos hábitos da virilidade. Ele era bom para ela, prestativo e atencioso, mas não sem uma certa reserva, e mesmo um certo humor. Depois que casou, a mãe telefonava para ele com frequência, fazia sermões sobre tudo. Meu pai punha o fone sobre a mesa, ia para a outra extremidade da sala e se ocupava com alguma coisa durante alguns minutos, depois voltava para o telefone, o segurava na posição, dizia alguma palavra inócua para que a mãe soubesse que ele estava ali (ah-ha, ah-ha, ah-ha, hmmmmm, pois é) e depois ia perambular de novo, para um lado e outro, até que ela cansasse de falar.

O lado cômico da indiferença de meu pai. E às vezes isso lhe prestava bons serviços.

Lembro-me de uma criaturinha enrugada, sentada no vestíbulo de uma casa dividida ao meio e habitada por duas famílias, em Weequahic, distrito de Newark, lendo o jornal *Jewish Daily Forward*. Embora eu soubesse que teria de fazer isso toda vez que a encontrasse, me dava horror beijá-la.

Seu rosto era muito encarquilhado, sua pele era inumanamente fina. Pior do que isso era o seu cheiro — um cheiro que, muito mais tarde, pude identificar como o da cânfora, que ela devia ter posto nas gavetas do seu armário e que, ao longo dos anos, havia impregnado o tecido de suas roupas. Esse odor era inseparável, na minha mente, da noção de "vovó".

Que eu me lembre, ela não tinha quase interesse nenhum por mim. A única vez que me deu um presente foi um livro infantil de segunda ou terceira mão, uma biografia de Benjamin Franklin. Lembro-me de ter lido o livro de fio a pavio e até consigo recordar alguns episódios. A futura esposa de Franklin, por exemplo, rindo dele quando o viu pela primeira vez — caminhando pelas ruas de Filadélfia com um pão enorme debaixo do braço. O livro tinha capa azul e era ilustrado com silhuetas. Eu devia ter sete ou oito anos na época.

Depois que meu pai morreu, descobri no sótão da sua casa um baú que havia pertencido à minha avó. Estava trancado e resolvi arrombar o fecho com um martelo e uma chave de fenda, imaginando que pudesse guardar algum segredo, algum tesouro perdido muito tempo antes. Quando o trinco rompeu e levantei a tampa, lá estava, tudo de novo — aquele cheiro, em uma lufada, veio de encontro a mim, instantâneo, palpável, como se fosse minha avó em pessoa. Tive a sensação de ter aberto o seu caixão.

Nada havia de interessante ali: um conjunto de cinzéis, um monte de bijuterias. Também uma bolsa de mulher de plástico duro, uma espécie de caixa octogonal com alça. Dei o troço para o Daniel e ele imediatamente começou a usá-la como uma garagem portátil para sua frota de carrinhos e caminhões.

Meu pai trabalhou duro a vida inteira. Com nove anos teve seu primeiro emprego. Com dezoito, possuía uma oficina de consertos de aparelhos de rádio em sociedade com um dos irmãos. Exceto por um breve intervalo, quando foi contratado como ajudante no laboratório de Thomas Edison (só para perder o emprego no dia seguinte, porque Edison soube que ele era judeu), meu pai nunca trabalhou para ninguém senão para si mesmo. Era um patrão muito exigente, muito mais rigoroso do que qualquer estranho poderia ser.

A oficina de aparelhos de rádio mais tarde tornou-se uma lojinha de utensílios, a qual, por sua vez, se converteu em uma grande loja de móveis. A partir disso, ele começou a mexer com imóveis (por exemplo, comprando uma casa para sua mãe morar), até gradualmente deixar a loja em segundo plano e tornar o negócio com imóveis uma atividade autônoma. A sociedade com os dois irmãos foi transferida de uma coisa para a outra.

Levantava cedo todo dia, voltava tarde para casa toda noite e, nesse meio tempo, só trabalho, nada senão trabalho. Trabalho era o nome do país onde vivia e ele era um dos maiores patriotas. Isso não significa, porém, que para ele trabalho fosse prazer. Trabalhava duro porque queria ganhar o máximo de dinheiro possível. Trabalho era um meio para alcançar um fim — um meio para o dinheiro. Mas o fim não era algo que lhe pudesse também proporcionar prazer. Como escreveu o jovem Marx: "Se o *dinheiro* é o elo que me liga à *vida humana*, ligando a sociedade a mim, ligando a mim a natureza e o homem, não será o dinheiro o elo de todos os *elos*? Não pode ele desfazer e atar todos os laços? Não é ele, portanto, o *agente da separação* universal?".

Meu pai sonhou a vida toda se tornar milionário, ser o homem mais rico do mundo. Não era tanto o dinheiro em si que ele queria, mas aquilo que o dinheiro representava: não só sucesso aos olhos do mundo, mas um modo de se tornar intocável. Ter dinheiro significa mais do que ser capaz de comprar coisas: significa que as privações do mundo jamais nos atingirão. Dinheiro no sentido de proteção, portanto, não de prazer. Por ter vivido sem dinheiro quando menino, e portanto vulnerável aos caprichos do mundo, a ideia da riqueza tornou-se para ele um sinônimo da ideia de fuga: fuga da injustiça, do sofrimento, de ser uma vítima. Não estava tentando comprar a felicidade, mas simplesmente a ausência de infelicidade. Dinheiro era a panaceia, a objetivação de seus desejos mais profundos e mais inexprimíveis como ser humano. Ele não queria gastá-lo, queria possuí-lo, saber que estava ali. Dinheiro não como um elixir, portanto, mas como um antídoto: o diminuto frasco de remédio que levamos no bolso quando partimos para a selva — no caso de sermos picados por uma cobra venenosa.

Às vezes, sua relutância em gastar dinheiro era tão grande que quase parecia uma doença. Nunca chegava ao ponto de negar a si mesmo aquilo de que precisava (pois suas necessidades eram ínfimas), porém, de forma mais sutil, toda vez que tinha de comprar alguma coisa ele optava pela solução mais barata. Isso significava transformar a barganha em um modo de vida.

Implícita nessa atitude havia uma espécie de primitivismo perceptivo. Todas as distinções eram suprimidas, tudo era reduzido ao seu mínimo denominador comum. Carne era carne, sapato era sapato, caneta era caneta. Não importa que se pudesse escolher entre miúdos e filé mignon, que houvesse esferográficas descartáveis de 39 centavos e canetas-tinteiro de cinquenta dólares que duravam vinte anos. O objeto realmente fino deveria ser quase abominado: significava que a gente teria de pagar um preço exorbitante, e isso o tornava moralmente nocivo. Em um nível mais geral, isso se traduzia em um estado de permanente privação sensorial: ao fechar os olhos para tanta coisa, ele negava a si mesmo contato estreito com as formas e texturas do mundo, suprimia de si mesmo a possibilidade de experimentar prazer estético. O mundo para o qual olhava era um lugar prático. Cada coisa ali tinha um valor e um preço, e a ideia era conseguir as coisas de que precisava por um preço o mais próximo possível do valor. Cada coisa era entendida apenas em termos de sua função, julgada apenas por quanto custava, nunca como um objeto em si mesmo, com qualidades próprias. De certo modo, imagino que isso tenha feito o mundo parecer um lugar enfadonho para ele. Uniforme, sem cor, sem profundidade. Se vemos o mundo só em termos de dinheiro, não estamos sequer vendo o mundo.

Quando criança, havia situações em que eu me via francamente constrangido com meu pai em público. Pechinchando com lojistas, enfurecendo-se por causa de um preço alto, discutindo como se sua própria masculinidade estivesse em jogo. Uma recordação bem nítida de como tudo se encolhia dentro de mim, de como eu tinha vontade de estar em qualquer outra parte do mundo exceto onde eu estava. Um incidente em especial se destaca, quando fui com ele comprar uma luva de beisebol. Todos os dias durante duas semanas visitei a loja depois de sair da escola para admirar a luva que eu queria. Então, quando meu pai me levou à loja, certa tarde, para comprá-la, ele explodiu de tal modo diante do vendedor que temi que fosse fazê-lo em pedaços. Assustado, com o coração na mão, disse a ele que não tinha importância, que eu não queria mais a luva. Quando saímos da loja, ele propôs comprar para mim um sorvete de casquinha. Aquela luva, afinal, não prestava mesmo, disse ele. Vou comprar uma melhor para você, em outra ocasião.

Melhor, é claro, significava pior.

Sermões sobre deixar muitas luzes acesas na casa. Ele sempre fez questão de comprar lâmpadas de poucos watts.

Sua desculpa por nunca nos levar ao cinema: "Por que sair e gastar uma fortuna já que o filme vai passar na televisão daqui a um ou dois anos?".

As raras vezes em que a família ia a um restaurante: tínhamos sempre de pedir as coisas mais baratas do cardápio. Tornou-se uma espécie de ritual. Sim, ele dizia, balançando a cabeça, é uma boa escolha.

Anos depois, quando minha esposa e eu vivíamos em Nova York, ele às vezes nos levava para jantar fora. O roteiro era sempre e exatamente o mesmo: assim que tivéssemos enfiado a última garfada de comida na boca, ele perguntava: "Estão prontos para ir?". Era impossível sequer pensar em comer uma sobremesa.

Seu total desconforto dentro da própria pele. Sua incapacidade de ficar sossegado, de conversar sem compromisso, de "relaxar".

Estar com ele deixava a gente nervoso. Ele dava a sensação de que estava sempre prestes a ir embora.

Adorava pequenos truques engenhosos, se orgulhava da habilidade de levar a melhor contra o mundo, no jogo do próprio mundo. Uma avareza nos aspectos mais triviais da vida, tão ridículo quanto deprimente. Com seus carros, sempre desconectava o hodômetro, falsificando a milhagem para garantir um preço melhor de revenda. Em sua casa, fazia ele mesmo os reparos em vez de contratar um profissional. Como tinha um talento para máquinas e sabia como as coisas funcionavam, tomava atalhos bizarros, usando os materiais que tivesse à mão para achar as soluções mais malucas para problemas mecânicos e elétricos — em vez de gastar dinheiro para fazer as coisas direito.

Soluções permanentes nunca o interessavam. Não parava de emendar e remendar, um pedacinho aqui, um pedacinho ali, nunca deixava o barco afundar, mas também nunca lhe dava uma chance de flutuar de verdade.

Seu jeito de se vestir: como se estivesse vinte anos atrasado. Ternos baratos de tecido sintético, saídos das prateleiras de remarcações; pares de sapatos vendidos fora da caixa, nos baús dos porões de lojinhas barateiras. Além de comprovar sua mesquinharia, esse descaso pela moda reforçava a imagem de um homem não de todo presente no mundo. As roupas que vestia pareciam uma expressão da solidão, um modo concreto de afirmar sua ausência. Embora estivesse bem de vida, pudesse comprar o que quisesse, meu pai parecia um homem pobre, um caipira que tivesse acabado de deixar a fazenda.

Nos últimos anos de vida, isso mudou um pouco. Tornar-se solteiro outra vez lhe deu provavelmente uma sacudida: compreendeu que teria de se mostrar apresentável caso quisesse ter alguma vida social. Não é que tenha saído por aí a fim de comprar roupas caras, mas pelo menos o tom do seu guarda-roupa mudou: os marrons e cinzas sem graça foram abandonados em troca de uma imagem mais vistosa, mais viva. Calças xadrez, sapatos brancos, suéteres amarelos de gola rulê, botas com fivelas grandes. Mas, apesar dos esforços, ele nunca parecia à vontade nesses trajes. Não eram parte integrante de sua personalidade. Faziam a gente pensar em um menino a quem os pais tivessem vestido.

Em vista de seu curioso relacionamento com o dinheiro (sua ânsia de enriquecer, sua incapacidade de gastar), foi a seu modo coerente que tenha vivido entre os pobres. Comparado a eles, era um homem de enormes posses. No entanto, ao passar os dias entre pessoas que não possuíam quase nada, podia ter sempre diante dos olhos uma visão daquilo que mais temia no mundo: ficar sem dinheiro. Para ele, isso punha as coisas em perspectiva. Não se considerava pão-duro — mas sim sensato, um homem que sabia o valor do dólar. Tinha de ser vigilante. Era a única coisa que se situava entre ele e o pesadelo da pobreza.

Quando os negócios estavam no auge, ele e os irmãos possuíam quase cem prédios. Sua área de atuação era a horrível região industrial ao norte de Nova Jersey — Jersey City, Newark — e quase todos seus locatários eram negros. Chamam isso de "senhor da favela", mas nesse caso não seria uma definição exata nem justa. Tampouco era ele, de alguma forma, um senhorio omisso. Estava presente, sempre ali, e trabalhava em horários que levariam mesmo o mais consciencioso empregado a entrar em greve.

O trabalho era um permanente número de malabarismo. Havia a compra e a venda de prédios, a compra e os reparos dos acessórios, a gestão de diversas equipes de operários de consertos, o aluguel dos apartamentos, a supervisão dos superintendentes, ouvir as queixas dos locatários, lidar com as visitas dos fiscais de obras públicas, envolver-se constantemente com as companhias de água e luz, sem falar das frequentes visitas ao tribunal — tanto como queixoso quanto como réu — para pleitear aluguéis atrasados, contestar acusações. Tudo estava sempre acontecendo ao mesmo tempo, um ataque perpétuo vindo de várias direções simultaneamente, e só um homem que fizesse as coisas com toda a calma poderia dar conta do recado. Todos os dias, era impossível fazer tudo o que tinha de ser feito. Ele não ia para casa porque tinha terminado o trabalho, mas simplesmente porque era tarde e seu tempo se esgotara. No dia seguinte, todos os problemas estariam à sua espera — bem como vários problemas novos. Nunca parava. Em quinze anos, ele só tirou duas férias.

Tinha coração mole com os locatários — permitia atrasos nos aluguéis, dava roupas para seus filhos, ajudava-os a conseguir emprego — e eles confiavam no meu pai. Homens idosos, com medo de assaltos, entregavam a ele seus bens mais preciosos para serem guardados no cofre do seu escritório. De todos os irmãos, era o único a quem as pessoas procuravam para falar de seus problemas. Ninguém o chamava de senhor Auster. Era sempre senhor Sam.

Enquanto eu esvaziava a casa depois da sua morte, dei com esta carta no fundo de uma gaveta da cozinha. Entre todas as coisas que achei, esta é aquela cujo resgate me deixa mais feliz. De algum modo, equilibra as contas do meu pai, me traz um testemunho vivo toda vez que minha mente começa a se desviar demais dos fatos. A carta é dirigida ao "Senhor Sam" e a caligrafia é quase ilegível.

19 de abril de 1976

Prezado Sam,

Sei que está surpreso de eu procurar o senhor. antes de tudo talvez seja melhor eu me apresentar. Sou a senhora Nash. Sou a cunhada de Albert Groover — a senhora Groover e Albert que moraram muito tempo na rua Pine 285, em Jersey City, e também a senhora Banks que é minha irmã. Sabe. Se o senhor conseguir lembrar.

O senhor deu um jeito de arranjar um apartamento para mim e meus filhos na avenida Johnston logo depois da esquina do senhor e senhora Groover, minha irmã.

De qualquer modo me mudei e deixei uma dívida de quarenta dólares de aluguel. era o ano de 1964 mas eu não esqueci que tinha essa dívida. Então, agora aqui está o seu dinheiro, obrigado por ser tão bom com meus filhos e comigo naquela época. isso é para mostrar como sou agradecida pelo que o senhor fez por nós. Tomara que o senhor se lembre daquele tempo. Pois eu nunca esqueci o senhor.

Umas três semanas atrás, liguei para o escritório mas o senhor não estava lá. que o Bom Deus abençoe sempre o senhor. Nunca vou a Jersey City, se não eu tinha ido aí para ver o senhor.

Seja como for, agora fico feliz de pagar essa dívida. É só, por enquanto.

Atenciosamente

Senhora JB. Nash

Quando menino, de vez em quando o acompanhava na ronda em que recolhia os aluguéis. Eu era muito pequeno para entender o que estava vendo, mas lembro a impressão que me causou, como se, justamente por não entender, as toscas percepções daquelas experiências entrassem diretamente em mim, onde ainda permanecem agora, tão presentes como uma farpa no dedo.

Os prédios de madeira com seus corredores escuros e pouco hospitaleiros. E, atrás de cada porta, uma horda de crianças brincando dentro de um apartamento quase sem nada; a mãe, sempre mal-humorada, cansada, morta de tanto trabalhar, curvada para a frente diante de uma tábua de passar roupa. Mais vívido de tudo é o cheiro, como se a pobreza fosse mais do que a falta de dinheiro, mas também uma sensação física, um fedor que invadia a cabeça da gente e tornava impossível pensar. Toda vez que eu entrava em um prédio com meu pai, prendia a respiração, sem coragem de inspirar, como se aquele cheiro fosse me machucar. Todo mundo sempre ficava contente de ver o filho do senhor Sam. Eu ganhava inúmeros sorrisos e tapinhas de leve na cabeça.

Certa vez, quando eu já era um pouco maior, lembro-me de passar de carro com meu pai por uma rua em Jersey City e ver um menino com uma camiseta que, por eu haver crescido, tinha ficado apertada em mim vários meses antes. Era uma camiseta bastante característica, com uma combinação incomum de listras amarelas e azuis, e não havia a menor dúvida de que era mesmo a minha camiseta. De forma inexplicável, fui dominado por um sentimento de vergonha.

Um pouco maior ainda, com treze, catorze, quinze anos, às vezes eu ia com meu pai para ganhar dinheiro trabalhando com os carpinteiros, pintores e pedreiros. Uma vez, em um dia de calor torturante no meio do verão, me incumbiram de ajudar um dos operários que cobria de piche um telhado. O nome do homem era Joe Levine (um negro que mudara o nome para Levine, em homenagem a um velho merceeiro judeu que o ajudara na juventude), e era o operário em que meu pai tinha mais confiança. Ele carregou para cima do telhado vários barris de 190 litros de piche e se pôs a trabalhar, espalhando o produto sobre a superfície com vassouras. A luz do sol que batia de chapa em cima daquele telhado negro e plano era brutal e, após meia hora mais ou menos, fiquei extremamente tonto, escorreguei em um remendo de piche úmido, caí e de algum jeito esbarrei em um dos barris já abertos, que derramou piche por todo meu corpo.

Quando voltei ao escritório alguns minutos depois, meu pai achou muita graça. Eu entendia que a situação era engraçada, mas estava constrangido demais para querer fazer piadas por causa disso. Em favor de meu pai, reconheço que ele não ficou aborrecido comigo nem ficou me avacalhando. Ele riu, mas de um jeito que me fez rir também. Em seguida, deixou de lado o que estava fazendo, me levou à loja Woolworth do outro lado de rua e comprou roupas novas para mim. De repente tornou-se possível que eu me sentisse próximo dele.

À medida que os anos passavam, os negócios começaram a declinar. A firma propriamente não fazia nada de errado, o problema era o tipo de negócio: naquela época, naquele lugar, não dava mais para sobreviver. As cidades estavam se despedaçando e ninguém parecia se importar com isso. O que em outros tempos fora uma atividade mais ou menos satisfatória para o meu pai se tornara agora um simples trabalho maçante. Nos últimos anos de sua vida, ele detestava ter de ir trabalhar.

O vandalismo virou um problema tão grave que fazer qualquer tipo de reparo se transformou em uma ação desmoralizante. Tão logo as tubulações eram instaladas em um prédio, vinham os ladrões arrancar os canos. O tempo todo quebravam janelas, arrombavam portas, devastavam corredores, provocavam incêndios. Ao mesmo tempo, era impossível vender tudo. Ninguém queria aqueles prédios. O único jeito de livrar-se deles era abandoná-los e deixar que a prefeitura tomasse conta. Desse modo, enormes quantias de dinheiro se perderam, o trabalho de toda uma vida. No final, na época da morte do meu pai, só haviam sobrado seis ou sete prédios. Todo o império havia se desmantelado.

Na última vez em que estive em Jersey City (faz uns dez anos, pelo menos), parecia uma região onde ocorrera uma catástrofe, como se tivesse sido saqueada por hunos. Ruas cinzentas, desoladas; lixo amontoado em toda parte; indigentes vagando sem rumo para um lado e outro. O escritório do meu pai fora roubado tantas vezes que naquela altura já não tinha sobrado mais nada, exceto umas mesas cinzentas de metal, algumas cadeiras e três ou quatro telefones. Nem sequer uma máquina de escrever, nem um toque de cor. Não era mais, na verdade, um local de trabalho, mas uma sala no inferno. Sentei-me e olhei para o banco do outro lado da rua. Ninguém entrava, ninguém saía. As únicas coisas vivas eram dois cachorros sem dono que trepavam na rua. Como meu pai conseguiu ter ânimo de acordar e ir lá todos os dias está além da minha compreensão. Força do hábito, ou então mera teimosia. Não era só deprimente, mas também perigoso. Foi assaltado várias vezes e em uma delas o agressor chutou sua cabeça com tanta brutalidade que sua audição ficou prejudicada para sempre. Nos últimos quatro ou cinco anos de vida, um tênue e constante zumbido soava na sua cabeça, um assobio que nunca parava, mesmo quando meu pai estava dormindo. Os médicos disseram que não havia nada que pudessem fazer.

No fim, ele nunca saía para a rua sem levar na mão direita uma chave inglesa. Tinha passado dos 65 anos de idade e não queria mais correr riscos.

Duas frases que de repente me vieram à mente esta manhã, enquanto eu mostrava para Daniel como fazer ovos mexidos.

"'E agora quero saber', disse a mulher, com uma força terrível, 'quero saber se é possível encontrar outro pai como ele em qualquer lugar do mundo.'" (Isaac Babel)

"Crianças têm sempre uma tendência ou de depreciar ou de exaltar os pais e, para um bom filho, seu pai é sempre o melhor pai que existe, independentemente de qualquer razão objetiva que possa haver para admirá-lo." (Proust)

Entendo agora que devo ter sido um mau filho. Ou, se não exatamente mau, pelo menos decepcionante, uma fonte de confusão e tristeza. Para meu pai, não fazia nenhum sentido ter um poeta como filho. Tampouco conseguia entender por que um jovem com dois diplomas da universidade de Columbia resolveu, depois de se formar, ser um simples marinheiro em um navio petroleiro no golfo do México e, em seguida, sem nenhuma razão, partiu para Paris e passou quatro anos lá, levando uma vida desgovernada.

Sua descrição de mim mais comum era que eu "tinha a cabeça nas nuvens", ou então que eu "não tinha os pés no chão". De ambos os modos, eu não devia parecer muito consistente para ele, como se eu fosse um vapor ou uma pessoa que não pertencia inteiramente a este mundo. A seus olhos, a gente se tornava parte do mundo por meio do trabalho. O trabalho, por definição, era algo que nos trazia dinheiro. Se não trouxesse dinheiro, não era trabalho. Escrever, portanto, não era trabalho, sobretudo escrever poesia. Na melhor das hipóteses, seria um passatempo, um jeito agradável de encher o tempo ocioso nos intervalos das coisas que eram de fato importantes. Meu pai achava que eu estava desperdiçando meus talentos, me recusando a crescer.

Entretanto algum tipo de vínculo persistiu entre nós. Não éramos muito chegados mas nos mantínhamos em contato. Um telefonema por mês, mais ou menos, talvez três ou quatro visitas por ano. Toda vez que eu publicava um livro de poesia, prontamente enviava para ele um exemplar, e ele sempre telefonava para me agradecer. Sempre que eu escrevia um artigo para uma revista, separava um exemplar e não me esquecia de levá-lo para meu pai no nosso encontro seguinte. *The New York Review of Books* não significava nada para ele, mas os artigos publicados em *Commentary* o impressionavam. Creio que ele tinha a sensação de que, se os judeus estavam publicando meus textos, talvez houvesse neles algo de bom.

Certa vez, quando eu morava em Paris, ele me escreveu para contar que tinha ido à biblioteca pública ler alguns de meus poemas que haviam aparecido em um número recente da revista *Poetry*. Imaginei-o em um salão amplo, deserto, de manhã cedo, antes de ir para o trabalho: sentado a uma daquelas mesas compridas, ainda de sobretudo, debruçado sobre palavras que deviam parecer incompreensíveis para ele.

Tentei manter essa imagem na minha mente, junto com todas as outras que nunca irão deixá-la.

A força avassaladora, totalmente desnorteante, da contradição. Entendo agora que cada fato é anulado pelo fato seguinte, que cada pensamento engendra um pensamento oposto e equivalente. Impossível dizer qualquer coisa sem alguma ressalva: ele era bom, ou ele era mau; ele era isso, ou ele era aquilo. Todas são verdadeiras. Às vezes tenho a sensação de que estou escrevendo sobre três ou quatro homens diferentes, bem distintos, cada um deles representa um desmentido de todos os outros. Fragmentos. Ou a anedota como uma forma de conhecimento.

Sim.

O lampejo eventual de generosidade. Nas raras ocasiões em que o mundo não representava uma ameaça para meu pai, a sua razão de viver parecia ser a bondade. "Que o Bom Deus o abençoe sempre." Os amigos o procuravam sempre que tinham problemas. Um carro morria em algum lugar no meio da noite e meu pai se arrastava para fora da cama e ia até lá prestar socorro. De certo modo, era fácil para os outros tirar vantagem dele. Meu pai se recusava a reclamar do que quer que fosse.

Uma paciência que beirava o sobre-humano. Era a única pessoa que conheci em toda a vida capaz de ensinar alguém a dirigir sem ficar irritado ou ter um ataque nervoso. A gente podia estar adernando direto rumo a um poste de luz e mesmo assim ele não ficava agitado.

Impenetrável. E, por causa disso, às vezes quase sereno.

Desde quando ainda era um rapaz, meu pai sempre teve um interesse especial pelo sobrinho mais velho — o único filho de sua irmã. Minha tia levava uma vida infeliz, marcada por uma série de casamentos difíceis, e seu filho aguentou o tranco de tudo isso: despachado para escolas militares, nunca teve de fato um lar. Motivado, creio eu, por nada mais do que a bondade e um sentido de dever, meu pai tomou o menino sob sua proteção. Cobria o garoto de atenções, sempre o incentivava, ensinou-o como enfrentar o mundo. Mais tarde, ajudou-o nos negócios e, toda vez que surgia um problema, meu pai estava sempre disposto a ouvir e dar um conselho. Mesmo depois de meu primo se casar e constituir sua própria família, meu pai continuou a se interessar ativamente por ele, alojou-os em sua casa, a certa altura, durante mais de um ano, religiosamente dava presentes aos seus quatro sobrinhos-netos e sobrinhas-netas no dia do aniversário deles e muitas vezes ia jantar na sua casa.

Esse primo ficou mais abalado com a morte do meu pai do que qualquer outro parente. Na reunião de família depois do enterro, ele se aproximou de mim três ou quatro vezes e disse: "Encontrei seu pai por acaso outro dia mesmo. Nós íamos jantar juntos na sexta-feira".

As palavras que usou foram exatamente as mesmas, todas as vezes. Como se ele já não soubesse o que estava falando.

Tive a sensação de que nós dois, de certo modo, tínhamos trocado nossos papéis, de que ele era o filho entristecido e eu o sobrinho solidário. Tive vontade de pôr meu braço em torno do seu ombro e contar como o seu pai tinha sido um homem bom. Afinal de contas, ele era o filho de verdade, ele foi o filho que eu mesmo nunca consegui ser.

Durante as duas últimas semanas, estas linhas de Maurice Blanchot ecoaram na minha cabeça: "Uma coisa deve ser entendida: eu não disse nada de extraordinário nem de surpreendente. O que é extraordinário começa no momento em que eu paro. Mas já não sou mais capaz de dizê-lo".

Começar com a morte. Abrir o caminho para trás, vida adentro, e depois, por fim, voltar para a morte.

Ou então: a futilidade de tentar dizer alguma coisa sobre alguém.

Em 1972, ele veio me visitar em Paris. Foi a única vez que viajou à Europa.

Naquele ano, eu morava em um minúsculo quartinho de empregada, no sexto andar, onde mal cabia uma cama, uma mesa, uma cadeira e uma pia. As janelas e a pequena sacada davam para um dos anjos de pedra que se projetavam da igreja St. Germain l'Auxerrois: o Louvre à minha esquerda, Les Halles mais adiante à minha direita e Montmartre ao longe à minha frente. Eu tinha muita afeição por aquele quarto e muitos poemas que depois apareceram em meu primeiro livro foram escritos ali.

Meu pai não tinha planos de ficar muito tempo, nada do que se possa chamar de férias: quatro dias em Londres, três dias em Paris e depois de volta para casa. Mas fiquei contente com a ideia de vê-lo e me preparei para lhe proporcionar uma estada agradável.

Aconteceram, porém, duas coisas que tornaram isso impossível. Fiquei muito doente, gripado; e tive de partir para o México, um dia depois da chegada do meu pai, para trabalhar como redator anônimo.

Esperei por meu pai a manhã toda no saguão do hotel turístico onde ele fizera reservas, e eu suava de febre alta, quase delirava de tanta fraqueza. Quando ele não apareceu na hora marcada, aguardei durante mais uma ou duas horas, mas enfim desisti e voltei para meu quarto, onde desabei na cama.

Horas depois, naquela mesma tarde, ele veio bater à minha porta, me acordando de um sono profundo. O encontro foi puro Dostoiévski: o pai burguês vem visitar o filho em uma cidade estrangeira e encontra o poeta entusiasta sozinho em um sótão, se esvaindo de febre. Meu pai ficou chocado com o que viu, escandalizado por alguém poder viver em um quarto daqueles, e isso o inflamou a entrar em ação: me fez vestir meu casaco, arrastou-me até uma clínica nas vizinhanças e depois comprou os comprimidos que me foram prescritos. Em seguida, recusou--se a permitir que eu passasse a noite em meu quarto. Eu não estava em condições de discutir, portanto concordei em ficar no hotel dele.

No dia seguinte, eu não havia melhorado. Mas havia coisas a fazer e forcei-me a levantar e as fiz. De manhã, levei meu pai a um enorme apartamento na avenida Henri Martin, do produtor cinematográfico que me estava mandando para o México. Fazia um ano que eu vinha trabalhando para ele, de forma intermitente, em serviços ocasionais — traduções, sinopses de roteiros —, coisas que só estavam ligadas ao cinema de forma marginal e que, de todo jeito, não me interessavam. Cada projeto era mais idiota do que o outro, mas o pagamento era bom e eu precisava de dinheiro. Agora ele queria que eu ajudasse sua esposa mexicana a escrever um livro que um editor inglês encomendara a ela: Quetzalcóatl e os mistérios da serpente emplumada. Isso me pareceu que seria forçar a barra um pouco demais, e eu já havia dito não para ele várias vezes. Porém, cada vez que eu recusava, ele aumentava sua oferta, até que me ofereceu tanto dinheiro que eu já não podia mais me esquivar. Eu ficaria fora só durante um mês e recebi pagamento à vista — adiantado.

Foi essa transação que meu pai testemunhou. Pelo menos uma vez, vi que ele ficou impressionado. Não só eu o levei até aquele cenário suntuoso e o apresentei a um homem que fazia negócios de milhões, como também esse homem me entregou tranquilamente um monte de notas de cem dólares, sentado à mesa diante de mim, e me desejou boa viagem. Era o dinheiro, está claro, que fazia diferença para meu pai, o fato de ele o ver com os próprios olhos. Senti isso como um triunfo, como se de algum modo eu tivesse sido reabilitado. Pela primeira vez meu pai foi forçado a se dar conta de que eu podia cuidar sozinho de mim mesmo, ao meu jeito.

Ele se tornou muito protetor e benévolo em relação à minha saúde debilitada. Ajudou-me a depositar o dinheiro no banco, e era só sorrisos e bom humor. A seguir arranjou um táxi para nós e foi comigo até o aeroporto. Um grande aperto de mão, no fim. Boa sorte, filho. Arrase com eles.

Pode apostar.

Nada durante vários dias...

Apesar das desculpas que inventei para mim mesmo, compreendo o que se passa. Quanto mais me aproximo do fim daquilo que sou capaz de dizer, mais me torno relutante de dizer o que quer que seja. Tenho vontade de adiar a hora de terminar e, desse modo, me iludir com a ideia de que estou apenas começando, que a melhor parte da minha história ainda está por vir. Por mais inúteis que essas palavras pareçam, elas no entanto se colocaram entre mim e um silêncio que continua a me apavorar. Quando eu ingressar nesse silêncio, vai significar que meu pai desapareceu para sempre.

O tapete verde desbotado na agência funerária. E o diretor, untuoso, profissional, sofrendo de eczema e com os tornozelos inchados, conferindo uma lista de gastos como se eu fosse comprar a crédito um conjunto de móveis para um quarto de dormir. Entregou-me um envelope que continha o anel que meu pai usava quando morreu. Girando o anel à toa entre os dedos enquanto a conversa se arrastava, notei que a parte de baixo da pedra estava manchada com o resíduo de algum lubrificante escorregadio. Alguns instantes se passaram antes que eu fizesse a ligação e depois a coisa se tornou absurdamente óbvia: o líquido fora usado para retirar o anel do seu dedo. Tentei imaginar a pessoa cujo trabalho consistia em fazer essas coisas. Senti menos horror do que fascínio. Recordo-me de ter pensado comigo mesmo: entrei no mundo dos fatos, o reino dos pormenores cruéis. O anel era de ouro, com uma gravação em cor preta com a insígnia da fraternidade maçônica. Meu pai já não era um membro atuante fazia mais de vinte anos.

O diretor da agência funerária não parava de contar como havia conhecido meu pai "nos velhos tempos", sugerindo uma intimidade e uma amizade que, eu tinha certeza, nunca haviam existido. Quando lhe entreguei o texto do obituário para ser levado aos jornais, ele quis se antecipar a meus comentários com dados incorretos, se apressando em tomar a minha frente para provar como conhecera bem meu pai. Toda vez que isso acontecia, eu o interrompia e o corrigia. No dia seguinte, quando o obituário apareceu no jornal, muitos desses dados incorretos foram publicados.

Três dias antes de morrer, meu pai comprou um carro novo. Dirigiu-o uma vez, talvez duas, e, quando voltei para sua casa depois do enterro, vi o carro na garagem, já defunto, como uma criatura enorme, natimorta. Mais tarde naquele mesmo dia, fui até a garagem um instante para ficar sozinho. Sentei-me ao lado da roda desse automóvel, inalando o estranho cheiro de carro novo, recém-saído da fábrica. O hodômetro indicava 67 milhas. Por acaso aquela era também a idade de meu pai: 67 anos. Sua brevidade me deu náuseas. Como se essa fosse a distância entre a vida e a morte. Uma viagem minúscula, nada mais do que ir até a primeira cidade vizinha.

O pior arrependimento: não tive a oportunidade de vê-lo depois de morrer. Por ignorância, supus que o caixão estaria aberto durante o velório e depois, como não estava aberto, já era tarde demais para fazer qualquer coisa.

O fato de nunca ter visto meu pai morto me priva de uma dor que seria bem-vinda. Não é que sua morte tenha se tornado um pouco menos real, mas agora, toda vez que quero vê-la, toda vez que tenho vontade de tocar a realidade dessa morte, preciso me entregar a um ato de imaginação. Não há nada a lembrar. Nada senão uma espécie de vazio.

Quando o túmulo foi aberto para receber o caixão, reparei em uma grossa raiz alaranjada que despontava dentro do buraco. Produziu em mim um efeito estranhamente tranquilizador.

Por um breve momento, o fato da morte, em sua crueza, já não podia mais ser escondido atrás de palavras e gestos cerimoniosos. Ali estava: sem mediadores, sem enfeites, era impossível desviar os meus olhos. Meu pai estava sendo baixado na terra e, com o tempo, à medida que o caixão gradualmente se desintegrasse, seu corpo ajudaria a alimentar a mesma raiz que eu vira. Mais do que qualquer outra coisa que foi dita ou feita naquele dia, isso fez sentido para mim.

O rabino que comandou o serviço fúnebre foi o mesmo que presidira o meu *Bar Mitzvah*, dezenove anos antes. Da última vez que eu o vira, era um homem jovial, de rosto bem barbeado. Agora estava velho, com uma espessa barba cinzenta. Ele não conheceu meu pai, na verdade não sabia nada sobre ele e, meia hora antes de terem início as cerimônias fúnebres, sentei-me a seu lado e lhe informei o que deveria dizer no elogio fúnebre. O rabino fez anotações em pedacinhos de papel. Quando chegou a hora de pronunciar o discurso, falou com grande emoção. O tema era um homem que ele nunca havia conhecido e no entanto o fez soar como se estivesse falando do fundo do coração. Atrás de mim, eu podia ouvir mulheres que soluçavam. O rabino seguia o que eu lhe tinha dito, quase palavra por palavra.

Ocorre-me agora que comecei a escrever esta história muito tempo atrás, bem antes de meu pai morrer.

Noite após noite, na cama sem dormir, meus olhos abertos no escuro. A impossibilidade de dormir, a impossibilidade de não pensar em como ele morreu. Eu me vi suando entre os lençóis, tentando imaginar qual a sensação quando se sofre um ataque cardíaco. A adrenalina bombeia com força dentro mim, minha cabeça lateja e todo meu corpo parece se contrair em uma pequena área atrás do meu peito. Uma necessidade de experimentar o mesmo pânico, a mesma dor mortal.

E então, de noite, há os sonhos, quase todas as noites. Em um deles, que me fez acordar algumas horas atrás, vim a saber por intermédio da filha adolescente da namorada de meu pai que ela, a filha, estava grávida do meu pai. Como era muito nova, ficou acertado que minha esposa e eu cuidaríamos da criança depois que nascesse. O bebê seria um menino. Todo mundo já sabia disso de antemão.

É, talvez, igualmente verdade que, quando essa história terminar, continuará a contar-se sozinha, mesmo depois que as palavras se tiverem esgotado.

O homem mais velho no enterro era meu tio-avô, Sam Auster, agora com quase noventa anos de idade. Alto, careca, voz áspera e de timbre agudo. Nem uma palavra sobre os acontecimentos de 1919, e não tive coragem de lhe perguntar. Cuidei de Sam quando era menino, disse ele. Mas foi tudo.

Quando perguntei se ele queria alguma coisa para beber, pediu um copo de água quente. Limão? Não, obrigado, só água quente.

De novo, Blanchot: "Mas já não sou mais capaz de dizê-lo".

Da casa: um documento do condado de St. Clair, no estado do Alabama, declarando formalmente o divórcio de meus pais. A assinatura embaixo: Ann W. Love.

Da casa: um relógio de pulso, alguns suéteres, um paletó, um despertador, seis raquetes de tênis e um velho Buick enferrujado que mal consegue andar. Um jogo de pratos, uma mesinha de café, três ou quatro abajures. Uma estatueta de bar de Johnnie Walker, para Daniel. O álbum de fotografias vazio, ESTA É A SUA VIDA: OS AUSTER.

A princípio, pensei que seria um consolo conservar essas coisas, que elas me fariam recordar meu pai e pensar nele, enquanto eu seguisse minha vida. Mas objetos, ao que parece, não são mais do que objetos. Agora estou habituado a eles, comecei a pensar neles como se fossem meus. Vejo as horas no seu relógio de pulso, visto os seus suéteres, ando pelas ruas no seu carro. Mas tudo isso não passa de uma ilusão de intimidade. Já me apropriei dessas coisas. Meu pai se apagou delas, tornou-se de novo invisível. E mais cedo ou mais tarde elas vão quebrar, se desmantelar, e terei de jogá-las fora. Duvido que isso sequer parecerá ter alguma importância.

"[...] aqui se constata que só quem trabalha ganha seu pão, só quem esteve em aflição encontra repouso, só quem desce aos infernos resgata as pessoas que ama, só quem puxa a faca consegue ter Isaac de volta [...]. Aquele que não trabalha deve ter em mente o que está escrito sobre as virgens de Israel, pois ele dá à luz o vento, mas quem está disposto a trabalhar dá à luz o próprio pai." (Kierkegaard)

Passam de duas horas da manhã. Um cinzeiro cheio até a borda, uma xícara de café vazia e o frio do início da primavera. Uma imagem de Daniel, agora, enquanto dorme no andar de cima, em seu berço. Terminar com isto.

Imaginar o que ele fará destas páginas quando tiver idade bastante para lê-las.

E a imagem de seu corpinho doce e feroz, que dorme no andar de cima, em seu berço. Terminar com isto.

(1979)

O LIVRO DA MEMÓRIA

"Quando os mortos choram, é porque estão começando a se recuperar", disse o Corvo em tom solene.
"Lamento ter de refutar meu amigo e colega ilustre", disse a coruja, "mas, no que me diz respeito, creio que quando os mortos choram, significa que não querem morrer."

Collodi, *As aventuras de Pinóquio*

Ele põe um pedaço de papel em branco sobre a mesa à sua frente e escreve estas palavras com a sua caneta. Foi. Nunca será de novo.

Mais tarde, naquele mesmo dia, ele volta para seu quarto. Encontra uma folha de papel novinha e a põe sobre a mesa à sua frente. Escreve até encher toda a página com palavras. Depois, quando lê o que escreveu, tem dificuldade para decifrar as palavras. Aquelas que consegue entender não parecem dizer o que ele achava que estava dizendo. Em seguida sai para jantar.

Naquela noite, diz a si mesmo que amanhã é outro dia. Novas palavras começam a gritar em sua cabeça, mas ele não as escreve. Resolve referir-se a si mesmo como A. Anda para lá e para cá, entre a mesa e a janela. Liga o rádio e depois desliga. Fuma um cigarro. Em seguida escreve. Foi. Nunca será de novo.

Véspera de Natal, 1979. Sua vida já não parecia habitar o presente. Toda vez que ligava o rádio e ouvia notícias do mundo, via-se imaginando que as palavras descreviam coisas acontecidas muito tempo antes. Mesmo quando se punha no presente, tinha a sensação de estar olhando para ele do futuro, e esse presente-passado era tão obsoleto que mesmo os horrores do dia, que em geral o teriam enchido de indignação, lhe pareciam remotos, como se a voz no rádio lesse a crônica de alguma civilização perdida. Mais tarde, em uma época de mais clareza, ele viria a se referir a essa sensação como "nostalgia do presente".

Prosseguir com uma descrição minuciosa dos sistemas clássicos de memória, completar com tabelas, diagramas, desenhos simbólicos. Raymond Lull, por exemplo, ou Robert Fludd, para não falar do grande Giordano Bruno, nascido em Nola, e queimado na fogueira em 1600. Lugares e imagens usados como catalisadores para recordar outros lugares e imagens: coisas, acontecimentos, os artefatos da própria vida ocultos sob a terra. Mnemotécnica. Seguir a teoria de Bruno segundo a qual a estrutura do pensamento humano corresponde à estrutura da natureza. E portanto concluir que, em certo sentido, tudo está ligado a tudo.

Ao mesmo tempo, como que correndo em paralelo ao que foi dito acima, uma breve investigação a respeito do quarto. Uma imagem, por exemplo, de um homem sentado sozinho em um quarto. Como em Pascal: "Toda a infelicidade do homem decorre de uma só coisa: ser incapaz de ficar sossegado no seu quarto". Como na frase: "ele escreveu O Livro da Memória neste quarto".

O Livro da Memória. Livro Um.
Véspera de Natal, 1979. Ele está em Nova York, sozinho em seu pequeno quarto, na rua Varick, 6. Como muitos prédios nos arredores, esse era apenas um local de trabalho. Vestígios dessa existência passada estão em toda parte: redes de encanamentos misteriosos, tetos de folhas de flandres cobertos de fuligem, aquecedores a vapor que não param de chiar. Toda vez que seus olhos se detêm na vidraça embaçada da sua porta, pode ler, de trás para a frente, estas letras toscamente inscritas a estêncil: R. M. POOLEY, ELETRICISTA AUTORIZADO. Não era para ninguém morar ali. É um aposento destinado a máquinas, escarradeiras e suor.

Ele não pode chamar isto de casa, mas, durante os últimos nove meses, foi tudo o que teve. Um punhado de livros, um colchão no soalho, uma mesa, três cadeiras, um fogareiro elétrico e uma pia de água fria toda carcomida. O banheiro fica no fim do corredor do prédio, mas só o utiliza quando precisa cagar. Mijar, ele faz ali mesmo na pia. Nos últimos três dias, o elevador ficou parado e, como está no último andar, ele relutou em sair de casa. Não é tanto o receio de ter de subir dez andares de escada quando voltar, mas sim o desalento de se exaurir tão completamente só para poder regressar a uma tamanha desolação. Por ficar neste quarto longos períodos de cada vez, em geral consegue enchê-lo com seus pensamentos, e isso por sua vez parece dissipar a melancolia, ou pelo menos deixá-lo alheio a ela. Toda vez que sai, leva consigo seus pensamentos e, durante sua ausência, a sala aos poucos se esvazia dos seus esforços para povoá-la. Quando volta, ele precisa recomeçar o processo todo desde o início, e isso dá trabalho, um verdadeiro trabalho espiritual. Em vista de sua condição física após subir as escadas (o peito arfante como um fole, pernas duras e pesadas como troncos de árvore), essa luta interior leva ainda muito mais tempo para começar. Nesse intervalo, no vácuo entre o momento em que ele abre a porta e o momento em que começa a reconquistar o vazio, sua mente se debate em um pânico inexprimível. É como se fosse obrigado a assistir à sua própria desaparição, como se, ao cruzar a soleira desta sala, ele entrasse em outra dimensão, tomasse por residência um buraco negro.

Acima dele, nuvens turvas flutuam e passam pela claraboia manchada de piche, à deriva, rumo ao anoitecer de Manhattan. Abaixo dele, ouve o tráfego fluir apressado para o túnel Holland: torrentes de automóveis que rumam para casa, vindos de Nova Jersey, na noite da véspera de Natal. A sala vizinha está em silêncio. Os irmãos Pomponio, que vêm ali fumar seus charutos todo dia de manhã e recortar letras de plástico para letreiros — um negócio que conseguem levar adiante trabalhando doze ou catorze horas por dia —, provavelmente estão em casa, se preparando para comer uma ceia festiva. É melhor assim. Recentemente, um deles andou passando as noites na oficina e seus roncos sempre impedem que A. durma direito. O homem se deita bem próximo de A., do outro lado da fina parede que divide as duas salas, e, horas a fio, A. fica deitado na cama, de olhos abertos para a escuridão, tentando cadenciar seus pensamentos segundo a maré baixa ou alta dos atormentados sonhos adenoides do homem. Os roncos inflam aos poucos e, no auge de cada ciclo, se tornam longos, penetrantes, quase histéricos, como se, quando vem a noite, o roncador tivesse de imitar o ruído da máquina que o mantém prisioneiro o dia todo. Dessa vez, A. pode contar com um sono tranquilo e ininterrupto. Nem mesmo a chegada de Papai Noel irá perturbá-lo.

Solstício de inverno: a época mais escura do ano. Assim que acorda de manhã, sente que o dia já começa a fugir. Não há nenhuma luz em que possa cravar os dentes, nenhuma sensação do desdobrar do tempo. Em vez disso, uma sensação de portas que se fecham, de fechaduras que se trancam. É uma estação hermética, um longo momento de introspecção. O mundo exterior, o mundo tangível das matérias e dos corpos, tomou o aspecto de uma mera emanação de sua mente. Ele se sente deslizando através dos acontecimentos, flutuando como um fantasma em torno de sua própria presença, como se vivesse em outra parte, fora de si mesmo — não de fato ali, mas tampouco em nenhum outro lugar. Uma sensação de ter sido trancafiado e ao mesmo tempo de ser capaz de caminhar através das paredes. Ele anota em algum ponto, à margem de um pensamento: uma escuridão nos ossos; tomar nota disso.

De dia, o calor jorra dos radiadores a todo vapor. Mesmo agora, no mais frio inverno, ele é obrigado a manter a janela aberta. De noite, porém, não há calor nenhum. Ele dorme todo vestido, com dois ou três suéteres, enrolado bem firme dentro de um saco de dormir. Durante os fins de semana, o calor vai todo embora, tanto de noite quanto de dia, e houve ocasiões ultimamente em que ele se sentou à mesa, na tentativa de escrever, e não conseguiu mais sentir a caneta na mão. Em si mesma, essa falta de conforto não o perturba. Mas produz o efeito de desequilibrá-lo, de o impelir para um estado de constante vigilância interior. A despeito do que possa parecer, esta sala não é um refúgio do mundo. Aqui, nada existe que dê a ele boa acolhida, nenhuma promessa de férias para o corpo, nada que o induza ao esquecimento. Estas quatro paredes contêm apenas as marcas de sua própria inquietude e, para encontrar alguma parcela de paz neste ambiente, ele precisa escavar cada vez mais fundo dentro de si mesmo. Mas quanto mais escavar, menos haverá para continuar cavando. Isso lhe parece inegável. Mais cedo ou mais tarde, ele está destinado a se esgotar.

Quando vem a noite, a luz elétrica cai à metade da força, depois aumenta de novo, depois baixa, sem nenhum motivo aparente. É como se as luzes fossem controladas por alguma divindade gozadora. A companhia de eletricidade não tem registro nenhum desta sala e ninguém jamais precisou pagar a conta de luz. Ao mesmo tempo, a companhia telefônica recusou-se a admitir a existência de A. O telefone estava ali havia nove meses, funcionava perfeitamente, mas ele ainda não recebera uma única conta. Quando telefonou, um dia desses, para corrigir a situação, insistiram que nunca tinham ouvido falar dele. De algum modo, ele conseguiu escapar das garras do computador e nenhum de seus telefonemas jamais foi registrado. Seu nome estava fora dos arquivos. Se tivesse vontade, poderia encher seu tempo ocioso fazendo ligações grátis para lugares distantes. Mas o fato é que não existe ninguém com quem queira conversar. Nem na Califórnia, nem em Paris, nem na China. O mundo, para ele, se encolheu até ficar do tamanho da sua sala e, durante o tempo que for necessário para que ele venha a compreender isso, precisa ficar onde está. Só uma coisa é certa: não pode estar em nenhum lugar até que esteja aqui. E se não conseguir encontrar este lugar, seria absurdo para ele pensar em procurar um outro.

A vida dentro da baleia. Um comentário sobre Jonas e o que significa recusar-se a falar. Texto paralelo: Gepeto na barriga do tubarão (uma baleia, na versão Disney), e a história de como Pinóquio o salva. É verdade que é preciso mergulhar até as profundezas do mar e salvar o próprio pai para se transformar em um menino de verdade?

Proposição inicial desses temas. Outros episódios, em seguida.

Depois, naufrágio. Crusoé na sua ilha. "Esse rapaz pode ser feliz se ficar em casa, mas se for para fora será o infeliz mais desafortunado que já nasceu." Consciência solitária. Ou, nas palavras de George Oppen: "o naufrágio do singular".

Uma visão de ondas em toda a volta, água tão infinita quanto o ar, e o calor da selva atrás. "Estou isolado da humanidade, um ermitão, um proscrito da sociedade humana."

E Sexta-Feira? Não, ainda não. Não há nenhum Sexta-Feira, pelo menos não aqui. Tudo o que acontece é anterior a esse momento. Ou então: as ondas terão desmanchado as pegadas.

Primeiro comentário sobre a natureza do acaso.

É aqui que começa. Um amigo lhe conta uma história. Passam-se vários anos e então ele se vê pensando de novo na história. Não é que comece com a história. Em vez disso, no ato de lembrar, ele se tornou consciente de que algo está acontecendo com ele. Pois a história não lhe teria ocorrido a menos que o que quer que tenha despertado sua lembrança já não estivesse, desde antes, se fazendo sentir. Alheio a si mesmo, ele andava escavando em um lugar de memória quase apagada e, agora que algo subira à superfície, ele não conseguia sequer imaginar quanto tempo as escavações haviam demorado.

Durante a guerra, o pai de M. escondeu-se dos nazistas por vários meses em um *chambre de bonne* em Paris. Por fim, conseguiu escapar, partiu para a América e começou uma vida nova. Passaram-se os anos, mais de vinte. M. nasceu, cresceu e agora ia partir para estudar em Paris. Uma vez lá, passou várias semanas difíceis em busca de um lugar para morar. No momento em que estava prestes a desistir, já desesperado, encontrou um pequeno *chambre de bonne*. Mudou-se para lá imediatamente, escreveu logo uma carta para o pai a fim de lhe dar a boa notícia. Mais ou menos uma semana depois, recebeu a resposta: seu endereço, escreveu o pai, é do mesmo prédio em que me escondi durante a guerra. Passou então a descrever detalhes do quarto. Ficou claro que se tratava do mesmo quarto que seu filho havia alugado.

Começa, portanto, com este quarto. E depois começa com aquele quarto. Além disso, há o pai, há o filho e há a guerra. Falar sobre o medo e lembrar que o homem que se escondeu naquele quartinho era judeu. Assinalar também: que a cidade era Paris, o lugar de onde A. tinha acabado de voltar (no dia 15 de dezembro), e que durante um ano inteiro ele morou em um *chambre de bonne* em Paris — onde escreveu seu primeiro livro de poemas e onde seu próprio pai, em sua única viagem à Europa, veio um dia visitá-lo. Recordar a morte do pai. Além disso, compreender — eis o mais importante de tudo — que a história de M. não significa nada.

Entretanto, é aí que começa. A primeira palavra só aparece em um momento em que nada mais pode ser explicado, em algum instante da experiência que desafia toda compreensão. Ser reduzido a não dizer nada. Ou então, dizer para si mesmo: é isto que me persegue. E então entender, quase no mesmo sopro de ar, que é isto que ele persegue.

Põe uma folha de papel em branco sobre a mesa, à sua frente, e escreve estas palavras com a sua caneta. Possível epígrafe para O Livro da Memória.

Em seguida, abre um livro de Wallace Stevens (*Opus Posthumous*) e copia a seguinte frase.

"Diante de uma realidade extraordinária, a consciência toma o lugar da imaginação."

Mais tarde, naquele mesmo dia, escreve sem parar durante três ou quatro horas. Depois, quando lê o que escreveu, só encontra um parágrafo dotado de algum interesse. Embora não esteja seguro sobre o que fazer com ele, resolve guardá-lo para uma referência futura e o copia em um caderno pautado:

Quando o pai morre, escreve ele, o filho se torna seu próprio pai e seu próprio filho. Olha para seu filho e vê a si mesmo no rosto do menino. Imagina o que o garoto vê quando olha para ele, e descobre a si mesmo se transformando em seu próprio pai. De forma inexplicável, fica comovido com isso. Não é apenas a visão do menino que o comove, tampouco o pensamento de se pôr dentro do pai, mas o que ele enxerga no menino do seu próprio passado desaparecido. É uma nostalgia da sua própria vida o que ele sente, talvez, uma recordação da própria infância, na condição de filho para o seu pai. De forma inexplicável, descobre a si mesmo a tremer naquele momento, tanto de felicidade quanto de tristeza, se isso é possível, como se estivesse indo ao mesmo tempo para a frente e para trás, rumo ao futuro e rumo ao passado. E há ocasiões, ocasiões frequentes, em que estes sentimentos são tão fortes que sua vida já não parece mais habitar o presente.

A memória como um lugar, como um prédio, uma série de colunas, cornijas, portais. O corpo no interior da mente, como se nos movimentássemos lá dentro, indo de um lugar para outro, e o som de nossos passos, enquanto andamos, se deslocam de um lugar para outro.

"Por conseguinte, é preciso utilizar um grande número de lugares", escreve Cícero, "que devem ser bem iluminados, postos em ordem de forma clara, espaçados a intervalos razoáveis; e imagens que sejam atuantes, definidas de maneira incisiva, incomum, e que tenham o poder de rapidamente ir ao encontro da psique e nela penetrar [...]. Pois os lugares são muito parecidos com placas de cera, ou papiros, as imagens se assemelham às letras, a ordem e a disposição das imagens se assemelham ao texto, e a fala, à leitura."

Voltou de Paris dez dias atrás. Foi para lá a trabalho e era a primeira vez que viajava para o exterior, em mais de cinco anos. Essa história de viajar, conversar o tempo todo, beber toda hora com velhos amigos, ficar longe de seu filho tanto tempo finalmente o deixou exausto. Para aproveitar alguns dias livres no fim de sua viagem, resolveu ir a Amsterdã, cidade em que nunca estivera. Pensou: as pinturas. Mas, uma vez lá, foi algo que não tinha planejado que acabou deixando nele uma impressão mais forte. Sem nenhum motivo especial (enquanto folheava distraído um guia turístico que encontrou em seu quarto de hotel), resolveu ir à casa de Anne Frank, que havia sido transformada em museu. Era manhã de domingo, tempo nublado e chuvoso, e as ruas ao longo do canal estavam desertas. Galgou a escada íngreme e estreita no interior da casa e entrou no anexo secreto. De pé no quarto de Anne Frank, o cômodo onde o diário foi escrito, agora vazio, com as fotos desbotadas de estrelas de Hollywood que ela colecionara ainda coladas nas paredes, ele de repente se viu chorando. Não soluçava, como pode ocorrer em reação a uma profunda dor interior, mas chorava sem fazer barulho, as lágrimas corriam pelas faces, como que em uma pura reação ao mundo. Foi naquele instante, ele mais tarde compreendeu, que O Livro da Memória começou. Como na frase: "ela escreveu seu diário neste quarto".

Da janela daquele quarto, voltada para o quintal, dá para ver as janelas dos fundos de uma casa onde morou Descartes. No quintal, agora, há balanços para crianças, brinquedos espalhados na grama, florezinhas bonitas. Quando ele olhou para fora, pela janela, naquele dia, se perguntou se as crianças a quem pertenciam aqueles brinquedos tinham alguma ideia do que acontecera 35 anos antes no local onde ele estava de pé. E se soubessem, como seria crescer à sombra do quarto de Anne Frank.

Para repetir Pascal: "Toda a infelicidade do homem decorre de uma só coisa: ser incapaz de ficar sossegado no seu quarto". Mais ou menos na mesma época em que estas palavras entravam nos *Pensées*, Descartes, no seu quarto naquela casa em Amsterdã, escreveu para um amigo, na França. "Existirá outro país", perguntou com entusiasmo, "onde se possa desfrutar a liberdade tão imensamente quanto aqui?" Tudo, em certo sentido, pode ser lido como um comentário a respeito de tudo. Imaginar Anne Frank, por exemplo, se tivesse vivido depois da guerra, lendo as *Méditations* de Descartes, como estudante universitária em Amsterdã. Imaginar uma solidão tão esmagadora, tão inconsolável, que a pessoa pare de respirar durante centenas de anos.

Ele observa, com certo fascínio, que o aniversário de Anne Frank cai no mesmo dia que o aniversário do seu filho. 12 de junho. Signo de Gêmeos. Uma imagem dos gêmeos. Um mundo em que tudo é duplo, em que a mesma coisa sempre acontece duas vezes.

Memória: o espaço em que uma coisa acontece pela segunda vez.

O Livro da Memória. Livro Dois.

O Testamento de Israel Lichtenstein. Varsóvia; 31 de julho de 1942.

"Com entusiasmo e satisfação, me lancei ao trabalho para ajudar a organizar o material do arquivo. Fui incumbido de ser o depositário. Escondi o material. Além de mim, ninguém sabia. Só revelei meu segredo a meu amigo Hersh Wasser, meu supervisor [...]. Está bem escondido. Deus queira que fique preservado. Isto será o melhor e o mais correto que podemos alcançar neste tenebroso tempo presente [...]. Sei que não vamos suportar. Sobreviver e permanecer vivo depois desses assassinatos e massacres medonhos é impossível. Portanto escrevo este meu testamento. Talvez eu não seja digno de ser lembrado, a não ser por minha audácia de trabalhar para a Sociedade Oned Shabbat e me pôr na posição mais arriscada, porque escondi todo o material. Seria pouca coisa oferecer minha própria cabeça. Ponho em risco a cabeça de minha adorada mulher, Gele Seckstein, e o meu tesouro, minha filhinha, Margalit [...]. Não quero nenhuma gratidão, nenhum monumento, nenhum elogio. Só quero que lembrem, de modo que minha família, meu irmão e minha irmã que estão no exterior, possam saber que fim tiveram meus restos mortais [...]. Quero que minha esposa seja lembrada. Gele Seckstein, artista, dúzias de obras, talentosa, não conseguiu expor, não se apresentou em público. Durante os três anos da guerra, trabalhou com crianças, como educadora, professora, fez cenários e figurinos para peças de teatro infantil, ganhou prêmios. Agora, junto comigo, estamos nos preparando para receber a morte [...]. Quero que minha filhinha seja lembrada. Margalit, vinte meses de idade, hoje. Conseguiu dominar o iídiche com perfeição, fala um iídiche puro. Com nove meses, começou a falar iídiche com clareza. Em inteligência, se equipara a crianças de três ou quatro anos. Não quero me gabar dela. Testemunhas disso, que falaram comigo a respeito, são os professores da escola em Nowolipki, 68 [...]. Não lamento por minha vida e a vida da minha esposa. Mas lamento pela pequena menina bem-dotada. Ela também merece ser lembrada [...]. Tomara que sejamos os redentores de todos os demais judeus no mundo inteiro. Creio na sobrevivência de nosso povo. Os judeus não serão aniquilados. Nós, judeus da Polônia, Tchecoslováquia, Lituânia, Letônia, somos os bodes expiatórios de todo Israel, em todas as outras regiões."

Levantar e olhar com atenção. Sentar. Deitar na cama. Caminhar pelas ruas. Fazer as refeições no Square Diner, sozinho em um banco, o jornal aberto na mesa à sua frente. Abrir a correspondência. Escrever cartas. Levantar e olhar com atenção. Caminhar pelas ruas. Saber, por intermédio de um velho amigo inglês, T., que as famílias dos dois vieram originalmente da mesma cidade (Stanislav) na Europa Oriental. Antes da Primeira Guerra Mundial, a cidade fizera parte do Império Austro-Húngaro: entre as duas guerras, fora integrada à Polônia; e agora, desde o fim da Segunda Guerra Mundial, pertencia à União Soviética. Na primeira carta de T. já há uma especulação de que os dois, afinal, talvez fossem primos. Uma segunda carta, no entanto, traz um esclarecimento. T. soube, por meio de uma tia muito idosa, que em Stanislav sua família era bastante rica; a família de A., por outro lado (e isso se coaduna com tudo o que ele já sabia), era pobre. A história é que um dos parentes de A. (um tio ou primo) morava em um pequeno sítio na propriedade da família de T. Apaixonou-se pela jovem senhora da casa, fez uma proposta de casamento e foi rejeitado. Depois disso, partiu de Stanislav para sempre.

O que A. acha especialmente fascinante acerca dessa história é que o nome do homem era exatamente o mesmo do seu filho.

Algumas semanas depois, lê o seguinte verbete na Enciclopédia Judaica:

"AUSTER, DANIEL (1893-1962). Advogado de Israel e prefeito de Jerusalém. Auster, que nasceu em Stanislav (na época, situada na Galícia Ocidental), estudou direito em Viena, formou-se em 1914 e mudou-se para a Palestina. Durante a Primeira Guerra

Mundial, serviu no quartel-general da força expedicionária austríaca, em Damasco, onde deu assistência a Arthur Ruppin no envio de ajuda financeira de Constantinopla para os esfomeados *yishuv*.* Após a guerra, estabeleceu um escritório de advocacia em Jerusalém que representava os interesses judeu-árabes, e foi secretário do Departamento Jurídico da Comissão Sionista (1919-20). Em 1934, Auster foi eleito conselheiro de Jerusalém; em 1935, foi nomeado vice-prefeito de Jerusalém; e em 1936-38 e 1944-45, foi prefeito interino. Auster foi o advogado do pleito judaico contra a internacionalização de Jerusalém, apresentado às Nações Unidas em 1947-48. Em 1948, Auster (que representava o Partido Progressista) foi eleito prefeito de Jerusalém, o primeiro a ocupar o cargo em Israel depois que o país se tornou independente. Auster se manteve nesse cargo até 1951. Também foi membro do Conselho Provisório de Israel, em 1948. Liderou a Associação das Nações Unidas de Israel desde a sua criação até morrer."

Durante os três dias que passou em Amsterdã, ele se perdeu várias vezes. A planta da cidade é circular (uma série de círculos concêntricos, cortados ao meio por canais, uma hachura formada por centenas de pontezinhas, cada uma ligada a outra, e depois a uma outra, como em uma cadeia infinita), e não se pode simplesmente "seguir" uma rua como se faz em outras cidades. Para chegar a algum lugar, é preciso saber de antemão aonde você está indo. A. não sabia, uma vez que era estrangeiro, e ainda por cima se viu estranhamente relutante em consultar um mapa. Choveu durante três dias e durante três dias ele caminhou em círculos. Compreendeu que, em comparação com Nova York (ou Nova Amsterdã, como ele adorava dizer, depois que voltou), Amsterdã era uma cidade pequena, cujas ruas provavelmente poderiam ser memorizadas em dez dias. No entanto, mesmo se estivesse perdido, não teria sido possível pedir informações a algum pedestre? Teoricamente, sim, mas na verdade ele era incapaz de tomar essa iniciativa. Não é que tivesse medo de estranhos, nem que estivesse fisicamente relutante em falar. De forma mais sutil, viu-se

(*) Comunidade judaica da Palestina. (N. T.)

hesitante em falar inglês com os holandeses. Quase todo mundo em Amsterdã fala um inglês excelente. Essa facilidade de comunicação, todavia, era para ele perturbadora, como se de algum modo ele fosse roubar da cidade sua condição de estrangeira. Não no sentido de que ele andasse em busca do exótico, mas no sentido de que o lugar já não seria mais o que era — como se os holandeses, ao falar inglês, se vissem privados de sua holandesidade. Se ele pudesse ter certeza de que ninguém o compreenderia, não teria hesitado em correr logo atrás de um estranho e falar inglês, em um esforço cômico para se fazer entender: por meio de palavras, gestos, caretas etc. Mas do jeito que eram as coisas, não tinha a menor vontade de profanar a holandesidade dos holandeses, muito embora eles mesmos já tivessem, desde muito tempo, permitido que ela fosse profanada. Portanto ele ficou de bico calado. Vagueou. Andou em círculos. Deixou-se perder. Às vezes, descobria mais tarde, estava a apenas alguns metros de seu destino, mas, sem saber onde virar, tomava a direção errada e desse modo se afastava cada vez mais de onde pensava estar indo. Ocorreu-lhe que talvez estivesse vagando nos círculos do inferno, que a cidade tivesse sido planejada como um modelo do inferno, com base em alguma representação clássica daquele lugar. Em seguida lembrou que vários diagramas do inferno foram usados como sistemas mnemônicos por alguns escritores do século xvi que trataram do assunto (Cosmas Rosselius, por exemplo, em seu *Thesaurus Artificiosae Memoriae*, Veneza, 1579). E se Amsterdã era o inferno, e se o inferno era a memória, então ele compreendeu que talvez houvesse algum sentido em estar perdido. Apartado de tudo o que era familiar para ele, incapaz de descobrir sequer um único ponto de referência, ele via que seus passos, por não levá-lo a parte alguma, não o estavam levando senão para dentro de si mesmo. Vagava dentro de si mesmo, e estava perdido. Longe de perturbá-lo, estar perdido tornou-se uma fonte de felicidade, de exultação. Ele inalava essa felicidade até os próprios ossos. Como que à beira de algum conhecimento até então oculto, ele a inalava até os próprios ossos e dizia para si mesmo, quase em triunfo: estou perdido.

Sua vida já não parecia mais habitar o presente. Toda vez que via uma criança, tentava imaginar como pareceria quando crescesse. Toda vez que via uma pessoa velha, tentava imaginar como teria sido quando criança.

Com as mulheres, era pior, sobretudo se a mulher fosse jovem e linda. Não conseguia deixar de olhar através da pele do rosto e imaginar o crânio anônimo, por trás. E quanto mais doce o rosto, mais ardorosa sua tentativa de enxergar nele os usurpadores sinais do futuro: as rugas incipientes, o queixo que mais tarde iria ficar flácido, o verniz de decepção nos olhos. Ele poria um rosto sobre o outro; esta mulher aos quarenta; esta mulher aos sessenta; esta mulher aos oitenta; como se, mesmo estando no presente, ele se sentisse compelido a ir à caça do futuro, seguir as pegadas da morte, que habita cada um de nós.

Algum tempo depois, topou com um pensamento semelhante em uma das cartas de Flaubert para Louise Colet (agosto de 1846) e ficou espantado com o paralelo: "[...] Sempre sinto o futuro, a antítese de tudo está sempre diante de meus olhos. Nunca olhei para uma criança sem pensar que iria crescer, nem olhei para um berço sem pensar em um túmulo. A visão de uma mulher nua me faz imaginar seu esqueleto".

Andar pelo corredor do hospital e ouvir a voz do homem que teve a perna amputada berrar com todas as forças: está doendo, está doendo. Naquele verão (1979), todos os dias durante mais de um mês, atravessar a cidade até o hospital, o calor intolerável. Ajudar o avô a pôr a dentadura. Barbear o rosto do velho com um barbeador elétrico. Ler para ele os resultados dos jogos de beisebol, no *New York Post*.

Proposição inicial desses temas. Outros episódios, em seguida.

Segundo comentário sobre a natureza do acaso.

Ele se lembra de ter matado aula num dia chuvoso em abril de 1962, em companhia de seu amigo D., e ir ao Polo Grounds para ver uma das primeiras partidas disputadas pelo New York Mets. O estádio estava quase vazio (público de oitocentas ou novecentas pessoas), e os Mets perderam de forma inapelável para os Pittsburgh Pirates. Os dois amigos sentaram-se perto de um menino do Harlem e A. recorda a gostosa naturalidade da conversa entre os três durante a partida.

Só voltou ao Polo Grounds uma vez naquela temporada, uma rodada dupla especial de feriado (o Memorial Day, em homenagem aos mortos na guerra: dia da memória, dia dos mortos) contra os Dodgers: mais de 50 mil pessoas nas arquibancadas, sol esplendoroso e uma tarde de loucuras em campo: um ponto triplo, corridas por todas as bases do campo, roubadas duplas. Naquele dia, estava com o mesmo amigo e sentaram-se em um canto afastado do estádio, bem diferente do bom lugar que tinham conseguido sorrateiramente no jogo anterior. A certa altura, deixaram seus assentos para ir à barraquinha de cachorro-quente, e lá, vários degraus de concreto abaixo, estava o mesmo menino que haviam encontrado em abril, dessa vez sentado ao lado da mãe. Todos se reconheceram e trocaram cumprimentos alegres, todos admirados com a coincidência de se encontrarem de novo. E não há a menor dúvida: a probabilidade de esse encontro não ocorrer alcançava uma cifra astronômica. Assim como os dois amigos, A. e D., o menino agora sentado ao lado da mãe não viera a nenhuma partida desde aquele dia chuvoso em abril.

A memória como um quarto, como um corpo, como um crânio, como um crânio que encerra o quarto onde um menino está sentado. E na imagem: "um homem sentado sozinho em seu quarto".

"O poder da memória é prodigioso", observou Santo Agostinho. "É um santuário vasto e incomensurável. Quem pode sondar suas profundezas? E no entanto é uma faculdade da minha alma. Embora seja parte de minha natureza, não posso compreender tudo o que sou. Isto significa, portanto, que a mente é estreita demais para conter a si mesma inteiramente. Mas onde está essa parte da mente que não está contida nela mesma? Estará em algum ponto fora dela e não em seu interior? De que modo, portanto, pode ser uma parte da mente, se não está contida nela?"

***

O Livro da Memória. Livro Três.

Foi em Paris, 1965, que ele experimentou pela primeira vez as possibilidades infinitas de um espaço limitado. Mediante um encontro fortuito com um estranho em um café, foi apresentado a S. A. tinha apenas dezoito anos na ocasião, no verão entre a escola secundária e a faculdade, e nunca estivera em Paris. Essas são suas recordações mais antigas daquela cidade, onde boa parte de sua vida posterior iria transcorrer, e estão inevitavelmente ligadas à ideia de um quarto.

Place Pinel no décimo terceiro *arrondissement*, onde morava S., era um bairro operário e mesmo então um dos últimos vestígios da antiga Paris — a Paris sobre a qual ainda se fala mas que já não existe mais. S. morava em um espaço tão pequeno que a princípio parecia nos desafiar, resistir a nosso intuito de entrar. A presença de uma pessoa já lotava o aposento, duas pessoas o sufocavam. Era impossível mover-se dentro dele sem encolher o corpo a suas menores dimensões, sem encolher a mente até algum ponto infinitamente pequeno dentro dela mesma. Só então se podia começar a respirar, sentir o quarto se expandir e ver a mente explorar as vastidões excessivas e insondáveis daquele espaço. Pois havia um universo inteiro naquele quarto, uma cosmologia em miniatura, que continha tudo o que há de mais vasto, mais distante, mais impenetrável. Era um santuário, pouco maior do que um corpo, em louvor de tudo o que existe além do corpo: a representação do mundo interior de um homem, em seus mínimos detalhes. S. conseguiu literalmente cercar-se com as coisas que estavam dentro dele mesmo. O quarto onde morava era um espaço de sonho e suas paredes pareciam a pele de um segundo corpo em torno dele, como se seu próprio corpo se tivesse transformado em uma mente, um instrumento vivo feito de puro pensamento. Isso era o útero, a barriga da baleia, a sede original da imaginação. Ao se instalar nessa escuridão, S. inventara um modo de sonhar de olhos abertos.

Ex-aluno de Vincent D'Indy, S. foi considerado em outros tempos um jovem compositor altamente promissor. Durante mais de vinte anos, porém, nenhuma de suas composições foi executada em público. Ingênuo em tudo, especialmente em política, cometeu o erro de permitir que duas de suas maiores peças orquestrais fossem tocadas em Paris durante a guerra — *Symphonie de Feu* e *Hommage à Jules Verne*, e cada uma requeria mais de 130 músicos. Isso foi em 1943 e a ocupação nazista estava ainda em pleno vigor. Quando a guerra acabou, as pessoas concluíram que S. tinha sido um colaboracionista e, embora nada pudesse estar mais longe da verdade, foi banido do mundo musical francês — por meio de insinuações e de um acordo tácito, nunca por meio de um confronto direto. O único sinal de que algum de seus colegas ainda se lembrava dele era o cartão de Natal que recebia todo ano de Nadia Boulanger.

Um gago, um homem infantil com um fraco por vinho tinto, era tão destituído de astúcia, tão ignorante da malícia do mundo, que não conseguiu sequer começar a se defender contra seus acusadores anônimos. Simplesmente retirou-se, escondeu-se atrás de uma máscara de excentricidade. Nomeou a si mesmo sacerdote ortodoxo (era russo), deixou crescer a barba, passou a vestir uma sotaina preta e mudou o nome para Abbaye de la Tour du Calame, ao mesmo tempo que continuava — de forma intermitente, entre ataques de estupor — a obra da sua vida: uma composição para três orquestras e quatro coros, que levaria doze dias para ser executada. Em sua desgraça, nas condições totalmente abjetas de sua existência, ele se voltava para A. e comentava, gaguejando sem remédio, com os olhos cinzentos brilhantes: "Tudo é milagroso. Nunca houve uma época mais formidável do que esta".

O sol não penetrava em seu quarto na Place Pinel. Ele cobrira a janela com um grosso pano negro e a escassa luz que havia ali vinha de algumas poucas lâmpadas, estrategicamente dispostas e de brilho muito fraco. O quarto era pouco maior do que um compartimento de trem de segunda classe e tinha mais ou menos o mesmo formato: estreito, teto alto, com uma única janela na ponta. S. atulhou esse cômodo minúsculo com uma multidão de objetos, os escombros de uma vida inteira: livros, fotografias, manuscritos, totens particulares — tudo que possuía algum significado para ele. Prateleiras, densamente carregadas com esse acúmulo, galgavam até o teto ao longo de todas as paredes, todas as prateleiras vergadas, levemente inclinadas para dentro, como se a menor perturbação fosse afrouxar a estrutura e fazer a massa de objetos desmoronar em cima dele. S. vivia, trabalhava, comia e dormia em sua cama. Imediatamente à sua esquerda, engenhosamente encaixado na parede, havia um conjunto de prateleiras pequenas, em forma de cubo, que pareciam abrigar tudo de que ele precisava para passar o dia: canetas, lápis, tinta, papel de música, cinzeiro, rádio, canivete, garrafas de vinho, pão, livros, lente de aumento. À sua direita, havia um suporte de metal com uma bandeja fixada na parte de cima, que ele podia movimentar para trás e para a frente, para cima da cama e para fora dela, e que ele usava como mesa de trabalho e também como mesa de refeição. Era uma vida como a que Crusoé teria vivido: um náufrago no coração da cidade. Pois não havia nada em que S. não tivesse pensado. Em sua penúria, conseguira se abastecer com mais eficiência do que muitos milionários. A prova, apesar de tudo, de que era um realista, mesmo em sua excentricidade. Ele examinara a si mesmo com um rigor suficiente para saber o que era necessário para sua sobrevivência e aceitou essas singularidades como as condições de sua vida. Nada havia em sua atitude que fosse covarde ou submisso, nada que sugerisse a renúncia de um eremita. Abraçou sua condição com ardor e um alegre entusiasmo, e quando A. se lembra disso, agora, se dá conta de que nunca conheceu ninguém que risse tanto e tão forte.

A composição gigantesca, na qual S. consumira os últimos quinze anos, estava longe de ser concluída. S. se referia a ela como sua "obra em progresso", deliberadamente ecoando Joyce, um escritor que ele admirava imensamente, ou como o *Dodecalogue*, que ele descrevia como a-obra-por-fazer-que-se-faz-no-processo--de-ser-feita. É improvável que algum dia tenha imaginado que iria mesmo terminar a composição. Parecia aceitar o caráter inevitável de seu fracasso quase como uma premissa teológica, e o que para outro homem poderia conduzir a um impasse desesperador, para ele constituía uma fonte de esperança ilimitada, quixotesca. Em algum momento anterior, talvez em seu momento mais sombrio, ele traçou a equação entre sua vida e sua obra, e agora não conseguia mais distinguir as duas coisas. Toda ideia vinha alimentar sua obra; a ideia de sua obra dava um sentido à sua vida. Conceber algo dentro do reino do possível — uma obra que pudesse ser concluída, e portanto separada dele mesmo — teria corrompido o projeto. O objetivo era errar o alvo, mas fazê-lo apenas ao tentar a coisa mais extravagante que pudesse evocar para si mesmo. O resultado, paradoxalmente, era a humildade, um modo de avaliar sua própria insignificância em comparação com Deus. Pois apenas na mente de Deus eram possíveis sonhos como os de S. Mas ao sonhar da maneira que fazia, S. descobrira um modo de participar de tudo o que estava além dele, arrastar-se alguns centímetros mais para perto do coração do infinito.

Durante mais de um mês naquele verão de 1965, A. fazia duas ou três visitas por semana a S. Não conhecia mais ninguém na cidade e S., portanto, se tornara sua âncora no local. Sempre podia ter certeza de que S. estaria em casa, onde sempre recebia A. com entusiasmo (no estilo russo; três beijos nas faces: esquerda, direita, esquerda) e estava sempre disposto a conversar. Muitos anos depois, em uma época de grande angústia pessoal, A. compreendeu que o que o levava continuamente a esses encontros com S. era que eles lhe permitiam experimentar, pela primeira vez, a sensação de ter um pai.

Seu pai verdadeiro era uma figura remota, quase ausente, com quem A. tinha pouco em comum. S., por sua vez, tinha dois filhos crescidos e ambos se afastaram de seu exemplo e adotaram diante do mundo uma atitude agressiva e arrojada. Além da ligação natural que existia entre eles, S. e A. se aproximaram em razão de aspirações congruentes: um queria um filho que o aceitasse como era, o outro, um pai que o aceitasse como era. Isso, além do mais, era sublinhado por um paralelo nas datas de nascimento: S. nascera no mesmo ano que o pai de A.; A. nascera no mesmo ano que o filho caçula de S. Para A., S. satisfazia seu apetite paterno mediante uma curiosa combinação de generosidade e pobreza. Ouvia-o com seriedade e acolhia sua ambição de ser escritor como a coisa mais natural que um jovem podia esperar da própria vida. Se o pai de A., em seu estranho e fechado modo de estar no mundo, fizera A. sentir-se supérfluo na sua vida, como se nada que A. fizesse pudesse produzir algum efeito sobre ele, S., em sua vulnerabilidade e indigência, permitia que A. se tornasse necessário para ele. A. lhe trazia comida, o abastecia de cigarros e vinho, cuidava para que não passasse fome — o que representava um verdadeiro perigo. Pois essa era a questão com respeito a S.: ele nunca pedia nada a ninguém. Esperava que o mundo viesse até ele, confiava sua redenção ao acaso. Mais cedo ou mais tarde, alguém teria de aparecer: sua ex-esposa, um de seus filhos, um amigo. E mesmo então, ele não pediria. Mas tampouco recusaria.

Toda vez que A. chegava com uma refeição (em geral, galinha assada, de uma fiambreria na Place d'Italie), virava um banquete gaiato, um pretexto para festejar. "Ah, galinha", exclamava S., cravando os dentes em uma coxa assada. E depois, de novo, enquanto mastigava e o caldo escorria pela barba: "Ah, galinha", com um acesso de riso endiabrado e autodesmoralizante, como que admitindo a ironia de sua pobreza e o inegável prazer que a comida lhe proporcionava. Tudo se tornava absurdo e luminoso naquela gargalhada. O mundo era virado pelo avesso, varrido, e, em seguida, imediatamente renascia como uma espécie de galhofa metafísica. Não havia lugar neste mundo para um homem que não tinha a menor noção do próprio ridículo.

Encontros posteriores com S. Cartas entre Paris e Nova York, algumas fotos trocadas, tudo isso agora perdido. Em 1967: outra visita de vários meses. No entanto, a essa altura, S. havia renunciado a seus trajes sacerdotais e voltara a usar o próprio nome. Mas as roupas que vestia em suas pequenas excursões pelas ruas do bairro eram simplesmente maravilhosas. Boina, camisa de seda, echarpe, pesadas calças de veludo, botas de montaria feitas de couro, bengala de ébano com castão de prata: uma imagem de Paris via Hollywood, *circa* 1920. Não foi por acaso, talvez, que o filho caçula de S. se tornou produtor de cinema.

Em fevereiro de 1971, A. voltou a Paris, onde permaneceria durante três anos e meio. Embora não fosse mais um visitante, o que significa que mais solicitações tomassem seu tempo, ele ainda via S. com regularidade, talvez uma vez a cada dois meses.

A ligação ainda existia, porém, à medida que o tempo passava, A. começou a imaginar se não seria, na verdade, uma lembrança da outra ligação, formada seis anos antes, que sustentava essa ligação atual. Pois aconteceu que, depois de mudar para Nova York (julho de 1974), A. não escreveu mais para S. Não que tivesse parado de pensar nele. Mas era a lembrança de S., mais do que qualquer necessidade de continuar em contato com S. no futuro, que parecia preocupar A. agora. Desse modo ele começou a sentir, como que de forma palpável, na própria pele, a passagem do tempo. Bastava lembrar. E isso, em si mesmo, era uma descoberta assombrosa.

Mais assombroso ainda para ele, no entanto, foi que quando voltou enfim para Paris (novembro de 1979), após uma ausência de mais de cinco anos, não foi procurar S. E isso apesar de ter toda a intenção de fazê-lo. Todas as manhãs, durante várias semanas de sua visita, ele acordava e dizia para si mesmo, hoje preciso arranjar um tempo para visitar S., e depois, à medida que o dia corria, inventava uma desculpa para não ir vê-lo. Essa relutância, ele começou a se dar conta, era um resultado do medo. Mas medo de quê? De entrar em choque com o seu passado? De descobrir um presente que fosse contradizer o passado e assim alterá-lo, o que por sua vez iria destruir a memória do passado que ele queria preservar? Não, entendeu ele, nada tão simples. Então, o quê? Dias se passaram e, gradualmente, começou a ficar claro. Temia que S. tivesse morrido. De forma irracional, ele sabia. Mas como o pai de A. morrera menos de um ano antes, e uma vez que S. se tornara importante para ele exatamente com relação a seus pensamentos acerca do pai, A. teve a sensação de que, de algum modo, a morte de um automaticamente acarretava a morte do outro. Apesar do que tentava dizer a si mesmo, A. na verdade acreditava nisso. Além do mais, pensava: se eu for ver S., vou saber que ele morreu; mas se eu ficar longe, vai significar que ele está vivo. Portanto, mantendo-se ausente, A. tinha a impressão de que ajudava S. a se conservar no mundo. Dia após dia, ele caminhava por Paris com a imagem de S. no pensamento. Cem vezes por dia, imaginou a si mesmo entrando no quartinho na Place Pinel. E contudo não conseguia se decidir a ir lá. Foi então que compreendeu que vivia em um estado de extrema pressão.

107

Comentário adicional sobre a natureza do acaso.

De sua última visita a S., no final daqueles anos em Paris (1974), conservou-se uma fotografia. A. e S. de pé, do lado de fora, junto à porta da casa de S. Cada um com o braço no ombro do outro e um incontestável brilho de amizade e camaradagem em seus rostos. Essa foto é uma das poucas recordações pessoais que A. trouxe para seu quarto na rua Varick.

Enquanto examina essa fotografia agora (véspera de Natal de 1979), A. se recorda de outra foto que via na parede do quarto de S.: S. quando jovem, talvez dezoito ou dezenove anos de idade, de pé ao lado de um menino de doze ou treze anos. A mesma evocação de amizade, os mesmos sorrisos, a mesma pose com os braços em torno dos ombros. O menino, S. lhe contara, era filho de Marina Tzvetáieva. Marina Tzvetáieva, que na mente de A. se põe ao lado de Mandelstam como os maiores poetas russos. Olhar para essa fotografia de 1974 era, para ele, imaginar a vida intolerável da poetisa, vida que chegou ao fim quando ela se enforcou em 1941. Durante boa parte dos anos entre a Guerra Civil e sua morte, ela viveu nos círculos de emigrados russos na França, a mesma comunidade em que S. fora criado, e lá a conheceu e se tornou amigo de seu filho, Mur. Marina Tzvetáieva, que escreveu: "Pode ser que um jeito melhor/ De conquistar o tempo e o mundo/ Seja passar, e não deixar nenhum traço —/ Passar e não deixar uma sombra/ nas paredes [...]"; que escreveu: "Não quero isso, não/ isso (mas ouça, em silêncio,/ querer é o que o corpo faz/ e agora somos apenas fantasmas) [...]"; que escreveu: "Neste que é o mais cristão dos mundos/ Todos os poetas são judeus".

Quando A. e sua esposa voltaram para Nova York em 1974, mudaram-se para um apartamento na Riverside Drive. Entre seus vizinhos no prédio, estava um velho médico russo, Gregory Altschuller, um homem com bem mais de oitenta anos, que ainda fazia pesquisas em um dos hospitais da cidade e que, junto com a esposa, tinha um grande interesse por literatura. O pai do doutor Altschuller fora o médico particular de Tolstói e, apoiada sobre uma mesa no apartamento na Riverside Drive, havia uma enorme fotografia do escritor barbado, devidamente autografada, com uma letra igualmente enorme, e dedicada a seu médico e amigo. Em conversas com o doutor Altschuller, A. soube de algo que o espantou e lhe pareceu simplesmente extraordinário. Em um vilarejo nos arredores de Praga, no auge do inverno de 1925, este homem fizera o parto do filho de Marina Tzvetáieva: o mesmo filho que se tornara o menino na fotografia na parede da casa de S. Mais do que isso: foi o único bebê que ele ajudou a nascer em toda sua carreira de médico.

"Era de noite", escreveu o doutor Altschuller, recentemente. "O último dia de janeiro, de 1925 [...]. Nevava, uma tempestade terrível que deixou tudo coberto de neve. Um menino tcheco veio correndo até mim, da aldeia onde Tzvetáieva morava com sua família, embora o marido não estivesse com ela, na ocasião. Sua filha também estava fora, com o pai. Marina estava sozinha.

"O menino entrou correndo na sala e disse: '*Pani* Tzvetáieva quer que o senhor vá à casa dela imediatamente porque já está tendo o filho! O senhor precisa correr, já está nascendo!'. O que eu podia dizer? Vesti-me às pressas e segui através da floresta, com a neve nos joelhos, no meio de uma tempestade violenta. Abri a porta e entrei. Na luz fraca de uma lâmpada elétrica solitária, vi pilhas de livros em um canto do quarto; quase alcançavam o teto. O refugo acumulado de vários dias fora amontoado em outro canto do quarto. E lá estava Marina, fumando sem parar sobre a cama, o bebê já a ponto de nascer. Cumprimentou-me com alegria: 'O senhor quase chegou tarde!'. Olhei em volta do quarto em busca de alguma coisa limpa, um pedaço de sabão. Nada, nem um lenço limpo, nem um pedaço de coisa nenhuma. Ela estava deitada na cama, fumava e sorria, e disse: 'Eu falei que o senhor ia fazer o parto do meu bebê. O senhor veio, e agora é assunto seu, não meu' [...].

"Tudo correu muito bem. O bebê, no entanto, nasceu com o cordão umbilical enrolado no pescoço, e tão apertado que mal conseguia respirar. Estava azul [...].

"Tentei desesperadamente restabelecer a respiração do bebê e por fim ele começou a respirar; passou de azul a cor-de-rosa. Durante todo o tempo, Marina fumava, em silêncio, sem pronunciar um som, olhava fixamente para o bebê, para mim [...].

"Voltei no dia seguinte e então vi a criança todos os domingos durante muitas semanas. Em uma carta (10 de maio de 1925), Marina escreveu: 'Altschuller controla tudo o que diz respeito a

Mur com orgulho e amor. Antes de comer, Mur toma uma colher de chá de suco de limão sem açúcar. É alimentado de acordo com o sistema do professor Czerny, que salvou milhares de crianças recém-nascidas na Alemanha durante a guerra. Altschuller visita Mur todo domingo. Percussão, auscultação, algum tipo de cálculo aritmético. Depois escreve para mim como alimentar Mur na semana seguinte, o que dar a ele, quanta manteiga, quanto limão, quanto leite, como aumentar gradualmente a quantidade. Toda vez que vem, recorda o que foi prescrito na vez anterior sem olhar nenhuma anotação [...]. Às vezes tenho um desejo louco de pegar sua mão e beijá-la' [...].

"O menino cresceu depressa e se tornou uma criança saudável, adorada pela mãe e pelos amigos dela. Eu o vi pela última vez quando não tinha ainda um ano de idade. Nessa ocasião, Marina mudou-se para a França e viveu lá durante os catorze anos seguintes. George (o nome oficial de Mur) foi para a escola e logo se tornou um ardoroso estudante de literatura, música e arte. Em 1936, sua irmã Alia, então com pouco mais de vinte anos, deixou a família e a França e voltou para a União Soviética, seguindo os passos do pai. Marina ficou então com o filho muito pequeno, sozinha na França [...] em extrema dificuldade, econômica e moral. Em 1939, solicitou um visto soviético e voltou para Moscou com seu filho. Dois anos depois, em agosto de 1941, sua vida teve um fim trágico [...].

"A guerra ainda continuava. O jovem George Efron estava na frente de batalha. 'Adeus literatura, música, escola', escreveu ele para a irmã. Assinou a carta 'Mur'. Como soldado, mostrou-se um combatente corajoso e destemido, participou de muitas batalhas e morreu em julho de 1944, uma das centenas de vítimas de uma batalha travada perto da aldeia de Druika, no *front* ocidental. Tinha apenas vinte anos de idade."

O Livro da Memória. Livro Quatro.
Várias páginas em branco. A serem seguidas por abundantes ilustrações. Antigas fotos de família, para cada pessoa sua própria família, remontando ao maior número possível de gerações. Olhar para elas com um cuidado extremo.

Depois, várias páginas de reproduções, começando com retratos que Rembrandt pintou de seu filho, Titus. Incluir todos eles: da imagem do menininho em 1650 (cabelo dourado, chapéu com penas vermelhas) até o retrato de Titus de 1655, "quebrando a cabeça com sua lições" (pensativo, em sua escrivaninha, a bússola dançando na mão esquerda, o polegar direito pressionado de encontro ao queixo), até Titus em 1658 (dezessete anos de idade, o incrível chapéu vermelho e, conforme um comentarista escreveu: "o artista pintou seu filho com a mesma fisionomia perscrutadora em geral reservada para representar suas próprias feições"), até a última tela de Titus que chegou até nós, feita no início da década de 1660: "O rosto parece o de um velho fraco, devastado pela doença. É claro, nossa visão do quadro é alterada por aquilo que hoje sabemos: Titus morreu antes do pai [...]".

Segue-se o retrato de 1602, de Sir Walter Raleigh e seu filho de oito anos, Wat (artista desconhecido), que está em Londres, na National Portrait Gallery. Observar: a semelhança fantástica de suas poses. Pai e filho de rosto voltado para a frente, mãos esquerdas nos quadris, pés direitos virados em ângulo de 45 graus, pés esquerdos voltados para a frente, e a sombria determinação no rosto do menino, imitando o olhar imperioso e confiante do pai. Recordar: quando Walter Raleigh foi libertado após treze anos de cárcere na Torre de Londres (1618) e embarcado na fatídica viagem para a Guiana a fim de limpar seu nome, Wat estava com ele. Lembrar que Wat, no comando de um ataque precipitado contra os espanhóis, perdeu a vida na selva. Raleigh para a esposa: "Até este momento, eu nunca soubera o significado da dor". E assim voltou para a Inglaterra e deixou que o rei cortasse sua cabeça.

Seguem-se mais fotografias, talvez várias dúzias: o filho de Mallarmé, Anatole; Anne Frank ("Esta é uma foto que me mostra como eu sempre gostaria de parecer. Então com certeza eu teria uma chance de ir para Hollywood. Mas agora, infelizmente, meu aspecto é diferente"); Mur; as crianças do Camboja; as crianças de Atlanta. Crianças mortas. Crianças que vão desaparecer, crianças que estão mortas. Himmler: "Tomei a decisão de aniquilar todas as crianças judias da face da Terra". Nada senão fotos. Porque, a certa altura, as palavras levam à conclusão de que não é mais possível falar. Porque essas fotos são indizíveis.

***

Ele passou a maior parte da vida adulta caminhando por cidades, muitas delas no estrangeiro. Passou a maior parte da vida adulta debruçado sobre um pequeno retângulo de madeira, concentrado em um retângulo ainda menor, de papel branco. Passou a maior parte da vida adulta levantando e sentando, andando para um lado e para o outro. Estes são os limites do mundo conhecido. Ele fica de ouvidos atentos. Quando escuta alguma coisa, começa a prestar atenção de novo. Então espera. Fica de olhos atentos e espera. E quando começa a enxergar alguma coisa, ele se põe de olhos bem atentos e espera de novo. Estes são os limites do mundo conhecido.

O quarto. Breve referência ao quarto e/ou aos perigos que espreitam dentro dele. Como na imagem: Hölderlin em seu quarto.

Reavivar a lembrança daquela viagem misteriosa de três meses, a pé, sozinho, através das montanhas do Maciço Central, os dedos cerrados no cabo da pistola dentro do bolso; aquela viagem de Bordeaux para Stuttgart (centenas de milhas) que antecedeu sua primeira crise mental, em 1802.

"Caro amigo [...], não escrevi para você por um longo tempo, e nesse intervalo estive na França e vi a terra triste e solitária; os pastores e pastoras do Sul da França e belezas únicas, homens e mulheres, que cresceram em meio ao temor da incerteza política e da fome [...]. O elemento poderoso, o fogo dos céus e o silêncio do povo, sua vida na natureza, seu isolamento e sua satisfação me comoveram sem cessar e, como se diz acerca dos heróis, posso muito bem dizer de mim mesmo que Apolo me alvejou."

Ao chegar em Stuttgart, "terrivelmente pálido, muito magro, com olhos fundos e desvairados, cabelo e barba compridos e vestido como um mendigo", ele se deteve, de pé, diante de seu amigo Matthison, e pronunciou apenas uma palavra: "Hölderlin".

Seis meses depois, sua adorada Suzette morreu. Em 1806, esquizofrenia e, mais tarde, durante 36 anos, metade de toda sua vida, morou sozinho na torre construída para ele por Zimmer, o carpinteiro de Tubingen — *zimmer*, que em alemão significa "quarto".

PARA ZIMMER

As linhas da vida são diversas como estradas ou como
São os limites das montanhas, e o que somos
Aqui embaixo, em harmonias, em recompensa,
Em paz para sempre, um deus terminará aqui.

No fim da vida de Hölderlin, um visitante da torre mencionou o nome de Suzette. O poeta replicou: "Ah, minha Diotima. Não me fale da minha Diotima. Treze filhos ela me deu. Um é Papa, outro é o Sultão, o terceiro é o Imperador da Rússia [...]". E depois: "Sabe o que aconteceu com ela? Ficou louca, ficou sim, louca, louca, louca".

Durante aqueles anos, segundo se conta, Hölderlin raramente saía de casa. Quando deixava seu quarto era para dar caminhadas sem rumo pelos campos, enchendo os bolsos de pedras e colhendo flores, que depois fazia em pedaços. Na cidade, os estudantes riam dele e as crianças fugiam com medo toda vez que ele se aproximava para cumprimentá-las. No fim, sua mente ficou tão embaralhada que passou a se chamar por vários nomes — Scardinelli, Killalusimeno — e, certa vez, quando um visitante demorou a sair de seu quarto, ele lhe mostrou a porta e disse, com um dedo erguido em advertência: "Eu sou o Senhor Deus".

Em anos recentes, surgiram novas especulações sobre a vida de Hölderlin naquele quarto. Um homem preconiza que a loucura de Hölderlin era fingida e que, em resposta à desnorteante reação política que assolou a Alemanha após a Revolução Francesa, o poeta retirou-se do mundo. Viveu, por assim dizer, enterrado na torre. Segundo essa teoria, todos os escritos da loucura de Hölderlin (1806-1843) foram na verdade compostos em um código secreto e revolucionário. Existe inclusive uma peça que desenvolve essa ideia. Na cena final dessa obra, o jovem Marx faz uma visita a Hölderlin, em sua torre. Somos levados a supor, pelo que se vê nesse encontro, que foi o poeta idoso e prestes a morrer que inspirou Marx a escrever *Os manuscritos econômicos e filosóficos de 1844*. Se isso for verdade, Hölderlin não foi apenas o maior poeta alemão do século XIX, mas também uma figura central na história do pensamento político: a ligação entre Hegel e Marx. Pois é um fato documentado que, quando jovens, Hegel e Hölderlin eram amigos. Foram estudantes juntos no seminário de Tübingen.

Especulações desse tipo, no entanto, parecem enfadonhas para A. Ele não tem dificuldade para aceitar a presença de Hölderlin no quarto. Pode até ir ao ponto de afirmar que Hölderlin não conseguiria sobreviver em nenhum outro lugar. Se não fosse a generosidade e a bondade de Zimmer, é possível que a vida de Hölderlin tivesse terminado prematuramente. Retirar-se em um quarto não significa que a pessoa ficou cega. Enlouquecer não significa que a pessoa ficou estúpida. Bem mais provável é que o quarto haja recuperado Hölderlin para a vida, tenha devolvido a ele a porção de vida que lhe restava viver. Conforme Jerônimo comentou a respeito do livro de Jonas, glosando a passagem que fala de Jonas dentro da barriga da baleia: "Você vai notar que onde julgam estar o fim de Jonas está a sua segurança".

"A imagem do homem tem olhos", escreveu Hölderlin, durante o primeiro ano de sua vida naquele quarto, "ao passo que a lua tem luz. O rei Édipo possui, talvez, um olho a mais. Os sofrimentos desse homem parecem indescritíveis, indizíveis, inexprimíveis. Se o drama representa alguma coisa assim, eis o motivo. Mas o que sobrevém a mim enquanto penso em você, agora? Como riachos, o fim de alguma coisa me arrasta para longe, se expande como a Ásia. É claro, esse tormento, Édipo o possui também. É claro, eis o motivo. Hércules também sofreu? De fato […], pois lutar contra Deus, como fez Hércules, isto é um tormento. E a imortalidade, entre as ambições desta vida, compartilhar disso, é também um tormento. Mas é também um tormento quando um homem está coberto de sardas, ver-se coberto de inúmeras pintas! O maravilhoso sol faz isso: pois dá vida a tudo. Guia os jovens em seu trajeto com os encantos de seus raios, como se fossem rosas. Os tormentos que Édipo suporta parecem-se com isso, como quando um jovem reclama que há uma coisa que ele não possui. Filho de Laio, pobre estrangeiro na Grécia! Vida é morte, e a morte é uma espécie de vida."

O quarto. Contra-argumento ao que foi dito. Ou: razões para estar no quarto.

O Livro da Memória. Livro Cinco.

Dois meses depois da morte do pai (janeiro de 1979), o casamento de A. desmoronou. Os problemas vinham se formando desde algum tempo e por fim os dois tomaram a decisão de se separar. Se para ele uma coisa era aceitar essa ruptura, magoar-se com isso e mesmo assim entender que era inevitável, outra coisa bem diferente era ter de engolir as consequências que acarretava: ficar separado do filho. Essa ideia lhe era intolerável.

Mudou-se para o seu quarto na rua Varick no início da primavera. Durante os poucos meses seguintes, morou ora nesse quarto, ora na casa no condado de Dutchess, onde ele e a esposa haviam morado nos últimos três anos. Durante a semana: solidão na cidade; nos fins de semana: visitas ao campo, a 160 quilômetros de distância, onde ele dormia no que era agora seu ex-quarto de trabalho e brincava com o filho, de menos de dois anos de idade, e lia para ele os adorados livros daquela fase da vida: *Vamos, caminhões*; *Bonés à venda*; *Mamãe ganso*.

Pouco depois de ter se mudado para o quarto da rua Varick, um menino de seis anos chamado Etan Patz desapareceu nas ruas desse mesmo bairro. Para todo lado que A. olhasse, havia uma foto do garoto (em postes de luz, vitrines de lojas, muros brancos), encabeçada pelos dizeres: CRIANÇA PERDIDA. Como o rosto dessa criança não diferia drasticamente do rosto de seu filho (e mesmo se fosse diferente, isso não teria importância), toda vez que via a fotografia desse rosto, A. era levado a pensar no próprio filho — e exatamente nestes termos: criança perdida. A mãe de Etan Patz, certa manhã, o mandou ir à rua para esperar o ônibus da escola (era o primeiro dia depois de uma longa greve de motoristas de ônibus e o menino estava ansioso para essa pequena atividade sozinho, para praticar esse diminuto gesto de independência), e depois não foi mais visto. O que quer que tenha acontecido com ele, não deixou vestígios. Pode ter sido raptado, pode ter sido assassinado, ou talvez tenha simplesmente saído andando sem rumo e veio a encontrar a morte em um local onde ninguém poderia achá-lo. A única coisa que se pode dizer com alguma segurança é que ele desapareceu — como que da face da Terra.

Os jornais exploravam ao máximo essa história (entrevistas com os pais, entrevistas com os detetives incumbidos do caso, reportagens sobre a personalidade do garoto: que brincadeiras ele preferia, de que comida mais gostava), e A. começou a se dar conta de que a presença dessa calamidade — sobreposta à sua própria calamidade, que admitia ser muito menor — era inevitável. Qualquer coisa que caísse diante de seus olhos parecia não ser mais do que uma imagem do que estava dentro dele. Os dias se passaram e a cada dia um pouco mais do sofrimento dentro dele era puxado para fora. Um sentimento de perda se apossou de A., e não queria largá-lo. Havia ocasiões em que essa perda era tão grande, e tão sufocante, que ele achava que nunca iria deixá-lo.

Algumas semanas depois, no início do verão. Um radiante mês de junho em Nova York: a claridade da luz batia nos tijolos; céus azuis, transparentes, depurando uma tonalidade de azul que teria seduzido até mesmo Mallarmé.

O avô de A. (pelo lado materno) começava lentamente a morrer. Apenas um ano antes, ele executara truques de mágica na festa do primeiro aniversário do filho de A., mas agora, aos 85 anos, estava tão debilitado que não conseguia mais ficar de pé sem que alguém o amparasse, não conseguia se movimentar sem um esforço de vontade tão colossal que só pensar em se mexer era o bastante para deixá-lo exausto. Houve uma reunião da família no consultório do médico e a decisão foi enviá-lo para o Doctor's Hospital na esquina da avenida East End com a rua 88 (o mesmo hospital em que sua esposa morrera de esclerose lateral amniotrópica — a doença de Lou Gehrig — onze anos antes). A. estava presente na reunião, bem como sua mãe e a irmã de sua mãe, as duas filhas de seu avô. Como nenhuma das duas podia permanecer em Nova York, resolveram que A. ficaria responsável por tudo. A mãe de A. tinha de voltar para casa, na Califórnia, para cuidar de seu marido, gravemente enfermo, ao passo que a tia de A. estava prestes a partir para Paris a fim de visitar seu primeiro neto, a filha recém-nascida de seu único filho. Tudo, pelo visto, se tornara literalmente uma questão de vida ou morte. Nessa altura, A. de repente se viu a pensar (talvez porque seu

116

avô sempre o fizesse lembrar W. C. Fields) em uma cena de um filme de Fields, de 1932, *Million Dollar Legs*: Jack Oakey corre feito louco para alcançar uma diligência que acabou de partir e implora para o cocheiro parar: "É uma questão de vida ou morte!", grita ele. E o cocheiro com toda a calma, cinicamente, retruca: "E o que não é?".

Durante essa reunião de família, A. podia ver o rosto do avô. A certa altura, o velho percebeu o olhar de A. e acenou na direção da parede ao lado da escrivaninha do médico, que estava coberta de placas de metal, diplomas emoldurados, prêmios, certificados e homenagens, e fez um movimento expressivo com a cabeça, como que para dizer, "Muito impressionante, hein? Esse cara vai cuidar bem de mim". O velho sempre deu fé a essas exibições pomposas. "Acabei de receber uma carta do presidente do banco Chase Manhattan", diria ele, quando na verdade não passava de um folheto de propaganda. Naquele dia, no consultório do médico, entretanto, foi penoso para A. ver aquilo: a recusa do velho em reconhecer a coisa que o olhava direto nos olhos. "Estou tranquilo quanto a tudo isso, doutor", disse seu avô. "Sei que o senhor vai me deixar bom outra vez."

E contudo, quase contra sua vontade, A. se viu admirando essa capacidade de ficar cego. Mais tarde, naquele mesmo dia, ajudou o avô a arrumar em uma pequena bolsa as coisas que ia levar para o hospital. O velho jogou na bolsa três ou quatro dos seus truques de mágica. "Por que está levando essas coisas?", perguntou A. "Assim posso distrair as enfermeiras", respondeu o avô, "se as coisas lá ficarem muito chatas."

A. resolveu ficar no apartamento do avô enquanto o velho estivesse no hospital. O lugar não podia permanecer vazio (alguém tinha de pagar as contas, pegar a correspondência, regar as plantas), e não podia deixar de ser mais confortável do que o quarto na rua Varick. Acima de tudo, era preciso manter a ilusão de que o velho ia voltar. Até que a morte viesse, sempre existia a possibilidade de não vir morte nenhuma, e essa possibilidade, por mais tênue que fosse, tinha de ser levada em conta.

117

A. permaneceu nesse apartamento durante as seis ou sete semanas seguintes. Era o mesmo lugar que visitava desde a mais remota infância: aquele prédio alto, largo, de formato bastante esquisito, que se ergue na esquina do Central Park Sul com Columbus Circle. Ele tentou imaginar quantas horas passara, quando menino, olhando para o trânsito lá fora, enquanto os carros se emaranhavam em volta da estátua de Cristóvão Colombo. Através dessas mesmas janelas do sexto andar, ele havia assistido aos desfiles do Dia de Ação de Graças, acompanhara a construção do Colosseum, atravessara tardes inteiras contando as pessoas que passavam nas ruas lá embaixo. Agora estava rodeado por esse lugar outra vez, com a mesinha de telefone chinesa, os bichinhos de vidro de sua avó e a velha caixa especial para conservar charutos em boas condições. Ele tinha voltado direto para a sua infância.

A. continuou a alimentar a esperança de uma reconciliação com a esposa. Quando ela concordou em vir para a cidade com o filho deles para ficarem no apartamento, A. achou que talvez fosse possível uma mudança verdadeira. Apartados dos objetos e dos afazeres de suas próprias vidas, eles pareciam se adaptar bem a esse ambiente neutro. Mas nessa altura nenhum dos dois estava pronto a admitir que isso era uma ilusão, um ato da memória acoplado a um ato da esperança mais vã.

Toda tarde A. pegava dois ônibus para ir até o hospital, passava uma ou duas horas com o avô e depois voltava pelo mesmo caminho. Esse esquema funcionou durante uns dez dias. Então o tempo mudou. Um calor torturante caiu sobre Nova York e a cidade virou um pesadelo de suor, cansaço e barulho. Nada disso fazia bem ao menino (confinado ao apartamento com um ar-condicionado que estalava, ou a perambular pelas ruas fumacentas com sua mãe), e quando o clima se recusou a esmorecer (o recorde de umidade do ar por várias semanas seguidas), A. e sua esposa resolveram que ela e o menino deveriam voltar para o interior.

Ele ficou sozinho no apartamento do avô. Cada dia se tornou uma repetição do dia anterior. Conversa com o médico, viagem ao hospital, contratar e despedir enfermeiras particulares, ouvir as queixas do avô, ajeitar os travesseiros sob sua cabeça. Havia um horror que o atravessava toda vez que olhava de relance a carne do velho. As pernas e os braços definhados, os testículos murchos, o corpo que se encolhera até chegar a menos de 45 quilos. Em outros tempos, este tinha sido um homem corpulento, cuja barriga bem estufada e orgulhosa precedia cada um de seus passos pelo mundo, e agora ele mal chegava a existir. Se A. já havia experimentado algum tipo de morte naquele ano, uma morte tão repentina que, ao mesmo tempo que o entregara à morte, também o privara do conhecimento daquela morte, agora ele experimentava um outro tipo de morte, e foi esse vagaroso e implacável esgotamento, essa renúncia da vida no próprio coração da vida, que enfim lhe ensinou aquilo que ele soubera o tempo todo.

Quase todo dia havia um telefonema da ex-secretária do avô, uma mulher que trabalhara no escritório durante mais de vinte anos. Depois da morte da avó, ela se tornou a companheira mais firme do seu avô, a mulher respeitável com quem ele circulava em público, em ocasiões formais: reuniões de família, casamentos, enterros. Toda vez que ela telefonava, fazia um interrogatório copioso a respeito da saúde de seu avô, e depois pedia para A. conseguir uma autorização para que ela o visitasse no hospital. O problema era a saúde da própria mulher. Embora não fosse velha (pouco menos de setenta anos, no máximo), sofria do mal de Parkinson e, por algum tempo, morou em um sanatório no Bronx. Depois de inúmeras conversas (sua voz tão fraca ao telefone que requeria todo o poder de concentração de A. para escutar ao menos metade do que ela falava), ele finalmente concordou em encontrar-se com a mulher em frente ao museu Metropolitan, aonde um ônibus especial do sanatório, uma vez por semana, levava os pacientes capazes de se locomover para passar uma tarde em Manhattan. Justamente naquele dia, pela primeira vez em quase um mês, choveu. A. chegou antes da hora marcada e então, durante mais de uma hora, aguardou de pé na escada do museu, protegendo-se da chuva com um jornal sobre a cabeça, à espreita da mulher. Enfim, tendo resolvido desistir, deu uma volta final na área. Foi aí que a encontrou: um ou dois quarteirões acima da Quinta Avenida, de pé sob um patético arbusto, como que para proteger-se da chuva, um gorro de plástico transparente na cabeça, apoiada na sua bengala, o corpo curvado para a frente, toda ela dura, temerosa de dar um passo, olhando fixamente para baixo, para a calçada molhada. De novo aquela voz débil, e A. quase apertando o ouvido contra sua boca para escutá-la — apenas para captar algum comentário trivial e insípido: o motorista do ônibus se esqueceu de fazer a barba, o jornal não foi entregue. Essa mulher sempre aborreceu A. e, mesmo quando ela esteve bem de saúde, A. se horrorizava de ter de passar mais de cinco minutos em sua companhia. Agora ele se viu quase zangado com ela, ofendido com a maneira pela qual a mulher parecia esperar que A. tivesse pena dela. Ele a chicoteou mentalmente por ser, a tal ponto, uma desprezível escrava do egocentrismo.

Mais de vinte minutos se passaram até conseguir um táxi. E depois a interminável provação de caminhar com ela até a beira da calçada e enfiá-la no carro. Seus sapatos se arrastavam na calçada: três centímetros e depois uma pausa; mais três centímetros e uma pausa; mais três centímetros, e depois mais três centímetros. A. segurava o braço da mulher e fez o melhor que pôde para incentivá-la. Quando chegaram ao hospital e ele enfim conseguiu desenganchar a mulher do banco de trás do táxi, começaram a longa jornada rumo à porta. Bem diante da entrada, no exato instante em que A. julgou que iam conseguir entrar, ela estacou. De repente se viu dominada pelo medo de não conseguir mais se mexer, e com isso não conseguia mesmo se mexer. Por mais que A. falasse com ela, por mais delicadamente que tentasse persuadir a mulher a ir adiante, ela não se mexia. As pessoas entravam e saíam — médicos, enfermeiras, visitantes — e os dois ficavam ali parados, A. e a mulher indefesa, aprisionados no meio daquele tráfego humano. A. lhe disse para esperar onde estava (como se ela pudesse fazer qualquer outra coisa) e entrou na recepção, onde encontrou uma cadeira de rodas desocupada, que ele logo arrebatou, sob os olhos de uma desconfiada administradora. Em seguida acomodou sua companheira indefesa na cadeira de rodas e a empurrou afobado através do salão da recepção, rumo ao elevador, rechaçando os gritos da administradora: "Ela é paciente? Esta mulher é paciente? As cadeiras de rodas são só para os pacientes".

Quando A. empurrou a mulher na cadeira de rodas para dentro do quarto de seu avô, o velho cochilava, nem acordado, nem adormecido, recostado com indolência em meio a um torpor, no limiar da consciência. Com o barulho de sua entrada, reanimou-se o bastante para se dar conta da presença deles e então, pelo menos compreendendo o que se passava, sorriu pela primeira vez em várias semanas. Lágrimas encheram seus olhos de repente. Segurou a mão da mulher e disse para A., como se falasse para o mundo inteiro (mas com voz fraca, fraquíssima): "Shirley é minha namorada. É Shirley que eu amo".

No final de junho, A. resolveu passar um fim de semana fora da cidade. Queria ver seu filho e precisava de uma folga do calor e do hospital. Sua esposa veio para Nova York, deixando o menino com os pais dela. O que os dois fizeram na cidade nesse dia, A. não consegue lembrar, porém, no final da tarde, seguiram até a praia em Connecticut, onde o menino tinha passado o dia com os avós. A. encontrou seu filho sentado em um balanço e as primeiras palavras que saíram da boca do garoto (após uma tarde inteira de treinamento dirigido pela avó) foram surpreendentes, em sua clareza. "Estou muito feliz de ver você, papai", disse ele.

Ao mesmo tempo, a voz soou estranha para A. O menino parecia estar com pouco fôlego e pronunciava cada palavra em um *staccato* que separava as sílabas. A. não teve a menor dúvida de que algo estava errado. Insistiu em irem todos embora da praia imediatamente e voltar para a casa. Apesar de o garoto estar de bom humor, sua voz estranha, quase mecânica, continuava a falar através de A., como se ele fosse o boneco de um ventríloquo. A respiração do menino estava extremamente acelerada: o peito arfante subia e baixava, como a respiração de um passarinho. Dentro de uma hora, A. e sua esposa percorriam uma lista de pediatras, em busca de um que estivesse de serviço (era a hora do jantar, em uma noite de sexta-feira). Na quinta ou sexta tentativa, conseguiram pegar uma jovem médica que começara a clinicar na cidade havia pouco tempo. Por um lance de sorte, ela estava no consultório naquela hora e lhes disse para irem imediatamente. Ou porque fosse novata, ou porque de índole nervosa, o exame que fez do menino deixou A. e sua esposa em pânico. Sentou o garoto na mesa, auscultou o peito, contou suas respirações por minuto, observou suas narinas dilatadas, o tom levemente azulado da pele do rosto. Em seguida, um corre-corre maluco pelo consultório, na tentativa de ligar um complicado aparelho de respiração artificial: um vaporizador com capuz, uma reminiscência das máquinas fotográficas do século XIX. Mas o menino não queria ficar com a cabeça parada debaixo do capuz e o chiado do vapor frio o assustava. A médica então tentou uma injeção de adrenalina. "Vamos tentar isto aqui", disse ela, "e se não funcionar vamos dar uma outra." Ela esperou alguns minutos, repetiu a contagem da respiração e depois lhe deu uma outra injeção. Ainda nenhum efeito. "É isso", disse ela. "Vamos de ter de levá-lo ao hospital." Deu o telefonema necessário e, com uma energia feroz que parecia concentrar tudo em seu corpo pequeno, explicou a A. e sua esposa como segui-la até o hospital, aonde ir, o que fazer e depois levou-os para fora, onde partiram em carros separados. Seu diagnóstico era pneumonia com complicações asmáticas — o que foi confirmado, após raios X e exames mais sofisticados no hospital.

O menino foi levado a um quarto especial na ala infantil, espetado e remexido por enfermeiras, mantido imóvel à força e aos gritos enquanto entornavam o remédio pela sua garganta, enganchado a um tubo intravenoso e instalado em um berço que foi depois coberto por uma tenda de plástico transparente — na qual uma névoa de oxigênio frio era bombeada por uma válvula na parede. O menino permaneceu nessa tenda durante três dias e três noites. Seus pais tiveram permissão de ficar com ele o tempo todo e se revezavam, em turnos; enquanto um ficava sentado junto ao berço do menino, com a cabeça e os braços embaixo da tenda, contando histórias para ele, brincando, o outro descansava em uma salinha de leitura reservada para adultos, olhando o rosto dos outros pais cujos filhos estavam no hospital: nenhum desses desconhecidos se atrevia a conversar com os outros, uma vez que todos só pensavam em uma coisa, e falar sobre isso só serviria para piorar a situação.

Era fatigante para os pais do menino, pois o remédio que pingava em suas veias era composto essencialmente de adrenalina. Isso o carregava com doses extras de energia — acima e além da energia normal de um menino de dois anos de idade — e boa parte do tempo dos pais era consumida em tentativas de acalmá--lo, de contê-lo, para que não levantasse a tenda. Para A., isso não tinha a menor importância. A doença do menino, o fato de que se não o tivessem levado a tempo ao médico ele poderia ter morrido (e o horror que o inundou quando pensou: o que aconteceria se ele e a esposa tivessem resolvido passar a noite na cidade, deixando o menino com os avós — que, já idosos, haviam parado de observar certos detalhes, e que, na verdade, não tinham percebido a respiração esquisita do garoto, na praia, e até zombaram de A. quando ele falou disso), todas essas coisas, para A., transformavam em nada o esforço de manter o menino calmo. Haver contemplado a mera possibilidade da morte do garoto, ter o pensamento de sua morte atirado direto contra o rosto no consultório da médica, já era o bastante para A. tratar a recuperação do menino como uma espécie de ressurreição, um milagre oferecido a ele pelas cartas do acaso.

Sua esposa, no entanto, começou a mostrar sinais de cansaço. A certa altura, saiu ao encontro de A., que se achava na sala de repouso dos adultos, e disse: "Desisto, não consigo mais contê-lo". E havia em sua voz uma tamanha mágoa contra o menino, uma tamanha irritação raivosa, que algo dentro de A. desmoronou. De forma estúpida, cruel, ele quis castigar a esposa por esse egoísmo e, nesse exato instante, toda a harmonia recém-conquistada, que vinha crescendo entre os dois ao longo do último mês, se dissipou: pela primeira vez em todos os anos em que estavam juntos, ele se voltou contra ela. Saiu enfurecido da sala e foi para junto do leito do filho.

O nada moderno. Interlúdio sobre a força de vidas paralelas.

Em Paris, naquele outono, A. participou de um pequeno jantar festivo oferecido por um amigo, J., um escritor francês bastante conhecido. Havia outro americano entre os convidados, uma professora especializada em poesia francesa moderna, e ela falou com A. sobre um livro que estava editando: textos seletos de Mallarmé. Por acaso A. já teria, ela quis saber, traduzido algum texto de Mallarmé?

O fato é que já traduzira. Mais de cinco anos antes, pouco depois de se mudar para o apartamento na Riverside Drive, A. traduzira vários fragmentos escritos por Mallarmé junto ao leito do filho moribundo, Anatole, em 1879. Eram obras curtas, de grande obscuridade: anotações para um poema que jamais chegou a ser escrito. Só foram descobertos no final da década de 50. Em 1974, A. fizera os rascunhos toscos de uma tradução de trinta ou quarenta desses fragmentos e depois deixara de lado o manuscrito. Quando voltou de Paris para esse quarto na rua Varick (dezembro de 1979, exatamente cem anos depois de Mallarmé haver rabiscado esses bilhetes de morte para seu filho), A. desencavou a pasta que continha os rascunhos manuscritos e se pôs a desenvolver versões acabadas de suas traduções. Elas foram, mais tarde, publicadas na *Paris Review*, junto com uma fotografia de Anatole com roupa de marinheiro. De sua nota introdutória: "No dia 6 de outubro de 1879, o filho único de Mallarmé, Anatole, morreu aos oito anos de idade, após uma longa doença. A enfermidade, diagnosticada como reumatismo infantil, se espalhara lentamente de um membro para outro e por fim tomou o corpo inteiro do menino. Durante vários meses, Mallarmé e sua esposa permaneceram sentados, em desamparo, junto ao leito de Anatole, enquanto os médicos experimentavam vários remédios e administravam tratamentos malogrados. O menino foi transferido da cidade para o interior e depois trazido de volta para a cidade. No dia 22 de agosto, Mallarmé escreveu para seu amigo Henry Ronjon, e falou 'da luta entre a vida e a morte que nosso pobre adorado está travando [...], mas o verdadeiro sofrimento é que essa pequena criatura tenha de desaparecer. Confesso que é demais para mim; não consigo me obrigar a encarar essa ideia'".

Foi exatamente essa ideia, A. se deu conta, que o levou a voltar para aqueles textos. O ato de traduzi-los não constituía um exercício literário. Era, para ele, um modo de aliviar-se de seu próprio momento de pânico no consultório da médica, naquele verão: é demais para mim, não consigo encarar. Pois foi só naquele momento, conforme mais tarde veio a perceber, que ele enfim captou toda a dimensão de sua própria paternidade: a vida do menino significava para ele mais do que sua própria vida; se fosse necessário morrer para salvar a vida do filho, ele estaria disposto a morrer. E foi, portanto, só naquele instante de

medo que A. se tornou, de uma vez por todas, o pai de seu filho.
Traduzir aqueles trinta ou quarenta fragmentos de Mallarmé era,
talvez, algo insignificante, mas em seu pensamento se tornara o
equivalente a oferecer uma prece de gratidão pela vida do filho.
Uma prece dirigida a quê? A nada, talvez. Ao seu sentimento de
vida. Ao *nada moderno*.

> *Você pode, com suas*
> *mãozinhas, me arrastar*
> *para dentro da sepultura — você*
> *tem o direito —*
> *— eu*
> *que acompanho você, eu*
> *me deixo levar —*
> *— mas se você*
> *quiser, nós*
> *dois, vamos fazer* [...]
>
> *uma aliança*
> *uma união, sublime*
> *— e a vida que*
> *restar em mim*
> *usarei para —*

*

> *não — nada*
> *a fazer com as grandes*
> *mortes — etc.*
> *— enquanto estivermos*
> *vivos, ele*
> *vive — em nós*
>
> *só após nossa morte*
> *ele estará morto*
> *— e os sinos*
> *dos Mortos soarão por ele*

*

vela —
navega o
rio,
sua vida que
passa, que flui

    *

  Sol poente
e vento
  agora extinto, e
vento de nada
que respira
(aqui, o nada
? moderno)

    *

morte — sussurra de leve
— não sou ninguém —
nem sei quem sou
(pois os mortos não
sabem que estão
mortos —, nem mesmo que morrem
— para crianças
pelo menos
  — ou

heróis — mortes
repentinas)

pois de outro modo
minha beleza é
feita de últimos
momentos —
lucidez, beleza
rosto — do que teria sido

eu, sem mim mesmo

    *

126

Ah! Você compreende
que se eu admitir
viver — dar a impressão
de esquecer você —
é para
alimentar minha dor
— e assim esse aparente
esquecimento
pode emergir, de forma
mais terrível, em lágrimas, em

algum momento
fortuito, no
meio desta
vida, quando você
aparecer diante de mim

*

luto verdadeiro no
apartamento
— não no cemitério —

mobília

*

para encontrar apenas
ausência —
— na presença
de roupinhas
— etc. —

*

não — não vou
desistir
nada

pai — eu
sinto o nada
me invadir

Breve comentário sobre a palavra "resplendor".

Ele ouviu pela primeira vez essa palavra ligada ao seu filho quando mostrou uma fotografia do menino a seu amigo R., um poeta americano que morou oito anos em Amsterdã. Estavam bebendo em um bar naquela noite, cercados por uma multidão de corpos e música alta. A. puxou a foto da carteira e entregou para R., que examinou o retrato por um longo tempo. Em seguida, voltou-se para A., um pouco embriagado, e disse com muita emoção na voz: "Ele tem o mesmo resplendor que Titus".

Cerca de um ano depois, pouco após a publicação de "Um túmulo para Anatole", na *Paris Review*, aconteceu de A. visitar R. R. (que se tornara muito afeiçoado ao filho de A.) explicou a A.: "Hoje aconteceu uma coisa extraordinária comigo. Eu estava em uma livraria, folheava várias revistas e calhou de abrir a *Paris Review* e ver uma foto do filho de Mallarmé. Por um segundo, pensei que fosse o seu filho. A semelhança era espantosa".

Retruquei: "Mas aquelas eram as traduções que eu fiz. Fui eu que pedi para publicarem aquela fotografia. Você não sabia?".

E então R. respondeu: "Nem cheguei a reparar nisso. Fiquei tão espantado com a foto que tive de fechar imediatamente a revista. Coloquei de volta na prateleira e depois saí da loja".

Seu avô durou mais duas ou três semanas. A. voltou para o apartamento que dava para o Columbus Circle, seu filho agora já fora de perigo, seu casamento agora em permanente ponto-morto. Esses foram provavelmente os piores dias de A. Não conseguia trabalhar, não conseguia pensar. Começou a ficar desleixado, só comia alimentos prejudiciais à saúde (refeições congeladas, pizza, espaguete chinês para viagem) e deixava o apartamento entregue às baratas: roupas sujas atiradas no canto do quarto, louça suja amontoada na pia da cozinha. Deitado no sofá, fumando um cigarro depois do outro, ele via filmes antigos na televisão e lia romances de mistério de segunda categoria. Não tentava falar com nenhum amigo. A única pessoa para quem telefonou — uma moça que conhecera em Paris quando tinha dezoito anos — havia se mudado para o Colorado.

Certa noite, sem nenhuma razão especial, saiu perambulando pelos arredores sem vida, entre as ruas 50 e 60 Oeste, e entrou em um bar onde as garçonetes serviam com os peitos de fora. Quando estava sentado em sua mesa tomando uma cerveja, de repente se viu ao lado de uma voluptuosa jovem nua. Ela se curvou sobre A., pelo lado, e começou a descrever todas as coisas lascivas que ia fazer com ele, se lhe pagasse para ir ao "quarto dos fundos". Havia algo tão francamente jocoso e trivial na abordagem da mulher que A., por fim, aceitou seu convite. O melhor, resolveram, seria ela chupar seu pênis, uma vez que a moça alegava possuir um talento especial para essa atividade. E de fato ela se lançou à sua tarefa com um entusiasmo que o deixou justamente admirado. Quando gozou na boca da moça alguns instantes depois, com um longo e palpitante jorro de sêmen, ele teve uma visão, naquele exato segundo, que continuou a cintilar dentro dele: cada ejaculação contém vários bilhões de células de esperma — ou mais ou menos o mesmo número de pessoas que existem no mundo —, o que significa que, em si mesmo, cada homem possui o potencial de um mundo inteiro. E o que aconteceria, se fosse possível acontecer, era todo o espectro de possibilidades: uma desova de idiotas e de gênios, de formosuras e de deformidades, de santos, catatônicos, ladrões, corretores de ações e equilibristas da corda bamba. Cada homem, portanto, é o mundo inteiro, traz em seus genes uma memória de toda a humanidade. Ou, como Leibniz escreveu, "toda substância viva é um espelho vivo e perpétuo do universo". Pois o fato é que somos feitos da mesma matéria que se formou com a primeira explosão da primeira faísca no vácuo infinito do espaço. Pelo menos foi o que ele disse a si mesmo, naquele momento, enquanto o pênis explodia na boca da mulher nua, cujo nome ele agora esqueceu. Pensou: a mônada irredutível. E então, como que enfim se apoderando daquilo, pensou na célula microscópica e furtiva que abrira caminho através do corpo de sua esposa, uns três anos antes, para se transformar no seu filho.

Afora isso, nada. Ele definhava. Deixava-se cozinhar no calor do verão. Como um Oblomov moderno, encolhido em seu sofá, ele não se mexia, a menos que fosse obrigado.

Havia tevê a cabo no apartamento do seu avô, com mais canais do que A. jamais imaginara existir. Toda vez que ligava a televisão, parecia haver uma partida de beisebol em curso. Não só ele era capaz de acompanhar os Yankees e os Mets de Nova York, como também o Red Sox de Boston, os Phillies da Filadélfia e os Braves de Atlanta. Sem falar do pequeno bônus fornecido de vez em quando, à tarde: partidas das ligas principais do Japão, por exemplo (e seu fascínio com o incessante bater de tambores ao longo da partida), ou, o que era ainda mais esquisito, os campeonatos da Liga Infantil de Long Island. Imergir nessas partidas era sentir a mente se empenhando para entrar em um lugar de pura forma. Apesar da agitação no campo, o beisebol se oferecia a ele como uma imagem daquilo que não se move e, portanto, um lugar onde sua mente podia ficar em repouso, a salvo em seu refúgio contra a inconstância do mundo.

Passara a infância inteira jogando beisebol. Desde os lamacentos primeiros dias de março até as últimas tardes enregeladas do final de outubro. Ele jogava bem, com uma devoção quase obsessiva. O beisebol não só lhe deu uma noção das próprias possibilidades e o convenceu de que não era inteiramente imprestável aos olhos dos outros, como também o retirou da reclusão solitária do começo da infância. O beisebol o iniciou no mundo do outro, mas ao mesmo tempo era uma coisa que ele podia conservar dentro de si mesmo. O beisebol era um terreno fértil para os sonhos. A. criava fantasias sobre o beisebol o tempo todo, imaginava a si mesmo com o uniforme dos Giants de Nova York e corria para sua posição na terceira base no estádio Polo Grounds, enquanto a multidão aplaudia feito louca ao soar do seu nome nos alto-falantes. Dia após dia, ele voltava da escola e jogava uma bola de tênis contra a escada da sua casa, fingindo que cada movimento fazia parte de um jogo do Campeonato Mundial, que se desenrolava em sua cabeça. Sempre acabava com dois fora no final do nono tempo, um homem na base, os Giants perdendo por um ponto. Ele era sempre o batedor e toda vez acertava a jogada que trazia a vitória para o seu time.

Enquanto ficava à toa no apartamento do avô no decorrer daqueles longos dias de verão, A. começou a perceber que a força do beisebol era para ele a força da memória. Memória nos dois sentidos da palavra: como um catalisador das recordações de sua própria vida e como uma estrutura artificial para ordenar o passado histórico. 1960, por exemplo, foi o ano em que Kennedy foi eleito presidente; foi também o ano do *Bar Mitzvah* de A., o ano em que ele supostamente alcançou a virilidade. Mas a primeira imagem que brota na sua mente quando mencionam o ano de 1960 é a corrida completa de Bill Mazeroski por todas as bases, que derrotou os Yankees no Campeonato Mundial. Ele ainda consegue ver a bola voando bem alta por cima dos alambrados do estádio Forbes Field — aquela barreira alta e escura, densamente coberta por números brancos — e, ao evocar as sensações daquele instante, aquele momento repentino e atordoante de prazer, ele é capaz de voltar ao seu passado, se pôr em um mundo que de outro modo estaria perdido para ele.

A. lê em um livro: desde 1893 (o ano anterior ao nascimento do avô), quando o montinho do lançador foi recuado três metros, o formato do campo não se modificou. O losango é uma parte da nossa consciência. Sua geometria primordial de linhas brancas, grama verde e terra marrom é um ícone tão familiar quanto a bandeira americana. Em oposição a quase tudo o mais na vida americana no decorrer deste século, o beisebol permaneceu estável. A não ser por algumas alterações sem importância (grama artificial, batedores escolhidos antecipadamente), o jogo tal como é praticado hoje em dia guarda uma semelhança notável com o que jogavam Wee Willie Keeler e os velhos Orioles de Baltimore: aqueles jovens das fotografias, já mortos faz muito tempo, com seus bigodes de guidão de bicicleta e suas poses heroicas.

O que acontece hoje é uma simples variação do que aconteceu ontem. Ontem ecoa hoje e o amanhã vai prenunciar o que acontecerá no ano que vem. O passado do beisebol profissional está intacto. Existe um registro de cada partida travada, uma estatística de todos os pontos marcados, de todos os erros e de todas as bases tomadas. Podem-se comparar os desempenhos, comparar jogadores e times, falar dos mortos como se ainda estivessem vivos. Jogar uma partida quando criança é ao mesmo tempo imaginar-se jogando como adulto, e a força dessa fantasia está presente mesmo na partida mais trivial e sem graça. Quantas horas de sua infância, A. tenta calcular, foram gastas no esforço de imitar a postura de batedor de Stan Musial (pés juntos, joelhos dobrados, costas vergadas para a frente em uma curvatura de exatidão geométrica) ou as pegadas de bola de Willie Mays? Reciprocamente, para aqueles que ao crescer se tornaram profissionais, existe a consciência de que estão concretizando seus sonhos de infância — de fato, são pagos para continuarem crianças. Também não se deve menosprezar a profundidade desses sonhos. Em sua infância judia, A. pode recordar como confundia as palavras finais do jantar da Páscoa judaica, "Ano que vem, em Jerusalém", com o refrão sempre esperançoso do entusiasmo desiludido do torcedor, "espere até o ano que vem", como se um fosse o comentário do outro: ganhar o troféu de campeão era entrar na terra prometida. O beisebol, de algum modo, se emaranhou em sua mente com a experiência religiosa.

Foi justamente então, quando A. começava a afundar nessa areia movediça do beisebol, que Thurman Munson morreu. A. reparou que Munson foi o primeiro capitão Yankee depois de Lou Gehrig, que sua avó tinha morrido da doença de Lou Gehrig e que, portanto, a morte de seu avô teria de vir bem depressa na esteira da morte de Munson.

Os jornais se encheram de matérias sobre o apanhador. A. sempre admirou o estilo de jogo de Munson: as chicotadas velozes do bastão para a direita, o corpo troncudo correndo com estrépito pelas bases, a raiva que parecia consumi-lo enquanto ele esperava sua vez, atrás da placa. Agora A. ficou comovido ao saber do trabalho de Munson com crianças e os problemas que teve com seu filho hiperativo. Tudo parecia se repetir. A realidade era uma caixinha chinesa, uma infinita série de caixas dentro de caixas. Pois também ali, logo no mais improvável dos lugares, o tema havia reaparecido: a maldição do pai ausente. Parecia que o próprio Munson era o único que tinha o poder de acalmar o garotinho. Toda vez que estava em casa, os acessos nervosos do menino paravam, suas inquietações abrandavam. Munson estava aprendendo como pilotar avião de modo a poder ir para casa com mais frequência durante a temporada do beisebol para estar com seu filho, e foi o avião que o matou.

Inevitavelmente, as recordações de A. relativas ao beisebol estavam ligadas às suas lembranças do avô. Foi o avô que o levou pela primeira vez para ver uma partida de beisebol, conversava com ele sobre os antigos jogadores, mostrou a ele que o beisebol era tanto para se falar quanto para se ver. Quando menino, A. pegava no sono no escritório na rua 57, brincava com as máquinas de escrever e de somar, até que seu avô estivesse pronto para sair, e depois descia com ele para um passeio despreocupado pela Broadway. O ritual incluía sempre algumas rodadas de *pokerino* em uma das lojas de jogos eletrônicos, um almoço rápido e depois o metrô — para um dos estádios de beisebol da cidade. Agora, enquanto seu avô desaparecia no interior da morte, continuavam a conversar sobre beisebol. Era o único assunto que ainda podiam tratar em pé de igualdade. Toda vez que visitava o hospital, A. comprava um exemplar do *New York Post*, sentava-se junto à cama do velho e lia para ele as reportagens sobre os jogos do dia anterior. Foi seu último contato com o mundo exterior, e era indolor, uma série de mensagens cifradas que ele podia compreender de olhos fechados. Qualquer outra coisa teria sido demais.

Já bem no finalzinho, com uma voz que mal conseguia emitir um som, seu avô lhe disse que começara a recordar sua vida. Estivera dragando lá do fundo os tempos de infância em Toronto, revivendo acontecimentos que haviam ocorrido nada menos do que oitenta anos antes: defender seu irmão caçula contra uma gangue de valentões, entregar pão na sexta-feira à tarde para as famílias judias nos arredores, todas as coisas banais e esquecidas, havia muito tempo, que agora, ao voltarem para ele enquanto jazia imobilizado na cama, adquiriam a importância de iluminações espirituais. "Ficar aqui deitado me dá a oportunidade de lembrar", disse para A., como se fosse um novo poder que tinha descoberto em si mesmo. A. podia sentir o prazer que isso dava ao avô. Pouco a pouco, aquilo passara a dominar o medo que estivera no rosto do avô naquelas últimas semanas. A memória era a única coisa que o mantinha vivo e era como se ele quisesse conservar a morte à distância o maior tempo possível, a fim de continuar a lembrar.

Sabia, e no entanto não queria dizer que sabia. Até a última semana, continuava a falar em voltar para o seu apartamento e nem uma vez se mencionou a palavra "morte". Mesmo no último dia, ele aguardou até o último momento possível para dizer adeus. A. estava se retirando, saindo pela porta depois de uma visita, quando seu avô o chamou de volta. De novo, A. se pôs de pé ao lado da cama. O velho segurou sua mão e apertou o mais forte que pôde. Depois: um momento muito, muito longo. Enfim, A. se curvou e beijou o rosto do avô. Nenhum dos dois disse uma palavra.

A. se lembra de um espertalhão, um negociante, um homem de otimismos grandiloquentes e bizarros. Quem mais, afinal de contas, poderia, com a cara mais séria do mundo, ter dado à própria filha o nome de Rainha? Pois quando a menina nasceu ele disse, "vai ser rainha", e não conseguiu resistir à tentação. Brilhava nos blefes, na gesticulação simbólica, no papel de alegria da festa. Montes de piadas, montes de amigos, um impecável oportunismo. Apostava às escondidas, enganava a mulher (quanto mais velho ficava, mais novas as moças) e nunca perdia o gosto por nada disso. As expressões que usava eram especialmente magníficas. Uma toalha nunca era apenas uma toalha, mas uma "toalha turca". Um drogado era um "viciado em narcóticos". Tampouco jamais diria "eu vi", mas sim "tive a oportunidade de observar". Ao fazê-lo, conseguia inflar o mundo, torná-lo um lugar mais exótico e estimulante para si mesmo. Fazia-se passar por um figurão e se deliciava com os efeitos colaterais de sua pose: os *maîtres* o tratavam por senhor B., os garotos de entrega sorriam diante de suas gorjetas exageradas, o mundo inteiro tirava o chapéu para ele. Viera do Canadá para Nova York logo depois da Primeira Guerra Mundial, um pobre menino judeu atrás de qualquer oportunidade para melhorar de vida, e no final conseguiu se sair bem. Nova York era sua paixão e, em seus últimos anos, recusou-se a mudar de cidade, resistiu ao convite da filha para uma vida na ensolarada Califórnia com estas palavras, que vieram a se tornar um refrão popular: "Não posso deixar Nova York. É aqui que as coisas acontecem".

A. se lembra de um dia quando tinha quatro ou cinco anos. Seus avós vieram visitá-lo e seu avô fez um truque de mágica para ele, alguma coisa ligeira que tinha encontrado em uma loja de novidades. Na visita seguinte, como o avô não apresentou um truque novo, A. fez uma cena para mostrar todo seu desaponta-mento. A partir daí, sempre havia uma mágica nova: moedas que sumiam, lenços de seda que apareciam em pleno ar, uma máqui-na que transformava em dinheiro tiras de papel em branco, uma grande bola de borracha que virava cinco bolinhas de borracha quando a gente a apertava na mão, um cigarro que era apagado em um lenço sem queimar nada, uma jarra de leite que era ver-tida em um cone feito de jornal sem entornar uma gota. O que começara como uma curiosidade para divertir seu neto tornou-se para seu avô uma autêntica vocação. Ele se transformou em um perfeito mágico amador, um habilidoso ilusionista, e tinha um orgulho especial da sua carteirinha de membro da Associação dos Mágicos. Exibia-se com sua mágica em todas as festas de aniver-sário da infância de A. e prosseguiu com suas apresentações até o último ano de vida, em turnês pelos clubes de idosos de Nova York com uma de suas parceiras (uma mulher desarrumada, com a montanha de uma peruca em cima da cabeça), que cantava e acompanhava a si mesma no acordeão e depois o apresentava como o Grande Zavello. Era tudo muito espontâneo. Sua vida estava de tal modo impregnada pelos artifícios da ilusão, levara a cabo tantos negócios persuadindo as pessoas a acreditar nele (fazendo-as crer que existia uma coisa que na verdade não existia, e vice-versa), que para ele era muito simples subir em um palco e enganar de um modo mais formal. Tinha a capacidade de fazer as pessoas prestarem atenção nele e, para todos que o viam, ficava bem claro como ele se sentia satisfeito em ser o centro de suas atenções. Ninguém é menos cínico do que um mágico. Ele sabe, e todo mundo sabe, que tudo o que o mágico faz é tapeação. O truque na verdade não é para enganar, mas para diverti-los ao ponto de desejarem ser enganados: de modo que, durante alguns

135

minutos, a força da cadeia de causa e efeito se afrouxa, as leis da natureza recebem uma contraordem. Como Pascal escreveu em seus *Pensées*: "É impossível encontrar uma base racional para não acreditar em milagres".

O avô de A., no entanto, não se contentava meramente com a mágica. Também adorava piadas, que chamava de "histórias" — todas escritas em um caderninho que levava consigo no bolso do paletó. A certa altura de todas as reuniões de família, ele pegava o caderninho, folheava depressa em um canto da sala, enfiava de volta no bolso, sentava em uma cadeira e depois desencadeava uma hora de contrassenso verbal. Aqui, também, a recordação é de risos. Não, como no caso de S., uma gargalhada que irrompia da barriga, mas um riso que serpenteava ao subir dos pulmões, um comprido volteio sonoro em forma de salmodia, que começava como um chiado asmático e se dispersava, gradualmente, em um assobio cromático cada vez mais fraco. Era assim também que A. gostaria de se lembrar do avô: sentado naquela cadeira e fazendo todo mundo rir.

A maior proeza de seu avô, no entanto, não foi uma mágica nem uma piada, mas uma espécie de vodu extrassensorial que deixou todos da família perplexos durante anos. Era um jogo chamado O Feiticeiro. O avô de A. apanhou um baralho, pediu a alguém para tirar uma carta, qualquer carta, e depois mostrar para todo mundo. O cinco de copas. A seguir ele foi ao telefone, discou um número e pediu para falar com o Feiticeiro. É isso mesmo, disse ele, quero falar com o Feiticeiro. Um instante depois, ele passou o telefone para os outros e, do receptor, vinha uma voz, uma voz de homem, que repetia várias vezes: cinco de copas, cinco de copas, cinco de copas. Em seguida, ele agradeceu ao Feiticeiro, desligou o telefone e ficou ali de pé, sorrindo diante de todo mundo.

Anos depois, quando enfim explicou o truque para A., tudo pareceu muito simples. Seu avô e um amigo combinaram que fariam, um para o outro, o papel de Feiticeiro. A pergunta "posso falar com o Feiticeiro" era um sinal, e o homem do outro lado da linha começava a enumerar os naipes: espadas, copas, ouros, paus. Quando acertasse o naipe, quem ligou dizia algo, qualquer coisa, que significava pare, e depois o Feiticeiro desfiava a litania dos números: ás, dois, três, quatro, cinco etc. Quando chegava à carta certa, quem ligou falava de novo alguma coisa e o Feiticeiro parava, juntava as duas informações e repetia no telefone: cinco de copas, cinco de copas, cinco de copas.

O Livro da Memória. Livro Seis.

Ele acha extraordinário, embora constitua a realidade mais banal da sua experiência, sentir os pés no chão, sentir que os pulmões se dilatam e se contraem com o ar que respira, saber que se puser um pé diante do outro poderá caminhar de onde está para aonde vai. Acha extraordinário que, em certas manhãs, logo depois de acordar, enquanto abaixa para amarrar os sapatos, se veja inundado por uma felicidade tão intensa, uma felicidade tão natural e tão harmoniosamente unida ao mundo, que consegue sentir-se vivo no presente, um presente que o circunda e o permeia, que o penetra com a repentina e esmagadora consciência de que está vivo. E a felicidade que descobre em si mesmo nesse momento é extraordinária. E, seja ela extraordinária ou não, ele acha essa felicidade extraordinária.

Às vezes temos a sensação de que estamos vagando sem rumo por uma cidade. Andamos por uma rua, dobramos ao acaso em outra rua, paramos a fim de admirar a cornija de um prédio, abaixamos para examinar uma mancha de piche na calçada, que nos faz lembrar certas pinturas que apreciamos, olhamos o rosto das pessoas que passam por nós, na rua, tentamos imaginar as vidas que levam dentro delas, entramos em um restaurante barato para almoçar, voltamos para fora e prosseguimos nosso caminho, rumo ao rio (se essa cidade tiver um rio), para olhar os barcos enquanto navegam, ou os grandes navios ancorados no porto, talvez cantemos para nós mesmos enquanto caminhamos, ou quem sabe assobiemos, ou talvez tentemos lembrar algo que havíamos esquecido. Às vezes parece que não estamos indo a parte alguma enquanto caminhamos pela cidade, parece que só estamos em busca de um jeito de passar o tempo e que só nosso cansaço nos indica onde e quando devemos parar. Mas assim como um passo inevitavelmente levará ao passo seguinte, do mesmo modo um pensamento segue de forma inevitável o pensamento anterior e, no caso de algum pensamento engendrar mais de um pensamento (digamos, dois ou três pensamentos, equivalentes em suas consequências), será necessário não apenas seguir o primeiro pensamento até sua conclusão, como também voltar atrás até a posição original daquele pensamento para seguir o segundo pensamento até sua conclusão, e depois o terceiro pensamento, e assim por diante, e desse modo, se tentarmos formar uma imagem desse processo em nossa mente, uma rede de trilhas começa a se delinear, como na imagem da corrente sanguínea humana (coração, artérias, veias, capilares), ou como na imagem de um mapa (as ruas de uma cidade, por exemplo, de preferência uma cidade grande, ou mesmo as estradas, como nos mapas dos postos de gasolina, estradas que se alongam, se bifurcam e serpenteiam através de todo um continente), de modo que o que fazemos de fato quando andamos pela cidade é pensar, e pensar de tal maneira que nossos pensamentos compõem uma viagem, e essa viagem não é nada mais nada menos do que os passos que demos, de tal modo que, no fim, podemos afirmar com segurança que estivemos em uma viagem e, mesmo que não deixemos o nosso quarto, foi uma viagem, e podemos afirmar com segurança que estivemos em algum lugar, mesmo que não tenhamos a menor ideia de onde fica.

Ele tira da sua estante um folheto que comprou dez anos antes, em Amherst, Massachusetts, uma lembrança de sua visita à casa de Emily Dickinson, e pensa agora no estranho esgotamento que o assaltou naquele dia enquanto estava de pé no quarto da poetisa: o fôlego curto, como se tivesse acabado de escalar o pico de uma montanha. Ele caminhou em torno daquele quartinho banhado pelo sol, olhando para a colcha branca sobre a cama, a mobília lustrada, pensando nos 1700 poemas que foram escritos ali, tentando vê-los como uma parte daquelas quatro paredes, mas sem o conseguir. Pois se as palavras são um modo de estar no mundo, refletiu ele, então mesmo que não existisse mundo algum para entrar, o mundo já estava ali, naquele quarto, o que significava que era o quarto que estava presente nos poemas e não o inverso. Ele agora lê, na última página do folheto, na prosa desajeitada do escritor anônimo:

"Neste escritório-dormitório, Emily deixou claro que a alma podia se contentar com a companhia de si mesma. Mas descobriu que a consciência era tanto cativeiro quanto liberdade, de modo que mesmo aqui ela era uma presa do seu próprio autoaprisionamento no desespero do medo [...]. Para o visitante sensível, portanto, o quarto de Emily adquire uma atmosfera que abarca os vários estados de espírito da poetisa, superioridade, inquietude, angústia, resignação ou êxtase. Talvez mais do que qualquer outro lugar concreto na literatura americana, ele simboliza uma tradição nativa, sintetizada por Emily, de um estudo perseverante da vida interior."

Canção para acompanhar O Livro da Memória. *Solitude*, como Billie Holiday cantou. Na gravação de 9 de maio de 1941, por Billie Holiday e sua orquestra. Tempo de execução: três minutos e quinze segundos. Assim: Em minha solidão você me persegue/ Com sonhos de um tempo que se foi./ Em minha solidão você zomba de mim/ Com lembranças que nunca morrem... etc. Nos créditos, constam os nomes de D. Ellington, E. De Lange e I. Mills.

Primeira alusão à voz de uma mulher. A ser seguida por referência específica a várias outras.

Pois ele está convicto de que, se existe uma voz da verdade — supondo que exista a verdade, e supondo também que essa verdade possa falar —, ela vem da boca de uma mulher.

É também verdade que essa recordação às vezes vem até ele como uma voz. É uma voz que fala dentro dele e não é necessariamente a sua voz. Ela fala para ele do mesmo modo que uma voz conta histórias para uma criança, e no entanto às vezes essa voz zomba dele, ou chama sua atenção, ou o xinga com expressões nem um pouco dúbias. Às vezes ela distorce de propósito a história que está contando, altera fatos para os adaptar a seus caprichos, zelando mais pelos interesses do drama do que pelos interesses da verdade. Então ele tem de falar com ela com sua própria voz e mandar que pare, e assim a faz voltar ao silêncio de onde veio. Em outras ocasiões, ela canta para ele. E em outras ocasiões ainda ela sussurra. E também há ocasiões em que ela se limita a gemer, ou balbuciar, ou chorar de dor. E mesmo quando não diz nada, ele sabe que ainda está ali e, no silêncio dessa voz que nada diz, ele espera que ela fale.

Jeremias: "Então disse eu, Oh, Senhor Deus! Vê, não posso falar: pois sou uma criança. Mas o senhor me respondeu: não diga sou uma criança, pois tu irás a todos os lugares que eu te enviar e tudo o que eu ordenar tu falarás. [...] Depois o Senhor estendeu a mão e tocou minha boca. E o Senhor me disse: Vê, pus minhas palavras em tua boca".

O Livro da Memória. Livro Sete.
Primeiro comentário sobre o Livro de Jonas.
Ficamos imediatamente espantados por sua singularidade em relação aos demais livros proféticos. Essa obra curta, a única escrita na terceira pessoa, é uma história de solidão contada de forma mais dramática do que qualquer outra história da Bíblia, e no entanto é narrada como que de fora dessa solidão, como se, ao mergulhar nas trevas dessa solidão, o "eu" se tivesse apagado de si mesmo. Não pode, portanto, falar a respeito de si mesmo, a não ser como um outro. Tal como na expressão de Rimbaud: "*Je est un autre*".
Jonas não só reluta em falar (conforme ocorre também com Jeremias, por exemplo), como se recusa mesmo a falar. "Agora a palavra do Senhor penetrou em Jonas. [...] Mas Jonas se levantou para fugir da presença do Senhor."
Jonas foge. Paga sua passagem e embarca em um navio. Uma tempestade terrível se ergue e os marinheiros temem se afogar. Todos rezam pela salvação. Mas Jonas "desce para o porão do

navio; e se deita, e adormece". O sono, portanto, como o supremo afastamento do mundo. O sono como uma imagem da solidão. Oblomov encolhido em seu sofá, sonhando que está de volta ao útero da mãe. Jonas no ventre do navio; Jonas na barriga da baleia.

O capitão do navio encontra Jonas e lhe diz para rezar ao seu Deus. Enquanto isso, os marinheiros tiraram a sorte para ver quem, entre eles, era o responsável pela tempestade, "[...] e a sorte recaiu sobre Jonas".

"E então ele lhes disse: Tomai a mim e lançai ao mar; e este irá se aquietar; porque eu sei que por minha causa veio sobre vós esta grande tempestade.

"Entretanto os homens remavam com grande esforço para levar a embarcação à terra; mas não conseguiam; pois o mar se enfurecia e se mostrava tempestuoso contra eles [...].

"Então levantaram Jonas nos braços e o lançaram ao mar; e o mar cessou sua violência."

Apesar da mitologia popular acerca da baleia, o grande peixe que engole Jonas não é de maneira alguma um agente da destruição. É o peixe que o salva de se afogar do mar. "As águas me envolveram até a alma, o abismo me rodeou, as algas se enrolaram em minha cabeça." No abismo dessa solidão, que é também o abismo do silêncio, assim como na recusa de falar existia uma equivalente recusa de olhar o outro de frente ("Jonas se levantou para fugir da presença do Senhor") — o que vale dizer: quem busca a solidão busca o silêncio; quem não fala está só; está só, mesmo na morte — Jonas encontra a escuridão da morte. Contam-nos que "Jonas ficou na barriga do peixe três dias e três noites" e em outro livro, em um capítulo do *Zohar*, nos explicam: "'Três dias e três noites', o que significa: os três dias que um homem jaz no túmulo antes de sua barriga estourar". E quando o peixe vomita Jonas em terra firme, Jonas é trazido de volta à vida, como se a morte que encontrou na barriga do peixe fosse uma preparação para uma nova vida, uma vida que ultrapassou a morte e, portanto, uma vida que pode enfim falar. Pois a morte o assustou a ponto de ter de abrir a boca: "Ergui a voz ao Senhor por causa da minha angústia, e ele me escutou; fora da barriga do inferno eu gritei, e Tu ouviste minha voz". Nas trevas da solidão que é a morte, a língua enfim se solta, e no momento em que começa a falar, há uma resposta. E mesmo que não haja resposta, o homem começou a falar.

O profeta. Como em falso: penetrar no futuro por meio da fala, não por conhecimento mas por intuição. O profeta autêntico sabe. O falso profeta adivinha.

Este era o maior problema de Jonas. Se dissesse a mensagem de Deus e contasse aos habitantes de Nínive que seriam destruídos em quarenta dias por suas iniquidades, tinha certeza de que iriam arrepender-se e desse modo seriam poupados. Pois sabia que Deus era "misericordioso, lento para se enfurecer e de grande bondade".

"Portanto o povo de Nínive acreditou em Deus, e decretou um jejum, e todos se vestiram de sacos, desde o mais poderoso até o mais ínfimo."

Porém, se os ninivitas fossem poupados, não significaria que a profecia de Jonas era falsa? Não se tornaria ele, então, um falso profeta? Eis o paradoxo que está no coração do livro: a profecia só permaneceria verdadeira se ele não a pronunciasse. Mas nesse caso, é claro, não haveria profecia alguma e Jonas não seria mais profeta. Mas é melhor não ser profeta do que ser um falso profeta. "Por isso, agora, oh, senhor, eu suplico, tira minha vida; pois para mim é melhor morrer do que viver."

Portanto, Jonas calou-se. Portanto, Jonas fugiu da presença do Senhor e foi ao encontro da fatalidade do naufrágio. Vale dizer, o naufrágio do singular.

Remissão de causa e efeito.

A. se lembra de um momento da adolescência (doze, treze anos de idade). Vagava sem rumo em uma tarde de novembro com seu amigo D. Nada acontecia. Mas em cada um deles, naquele momento, havia uma sensação de possibilidades infinitas. Nada acontecia. Ou alguém poderia dizer que era essa consciência do possível, de fato, que acontecia.

142

Enquanto caminhavam juntos através do ar frio e cinzento daquela tarde, A. de repente parou e declarou ao amigo: daqui a um ano, a contar do dia de hoje, algo extraordinário vai acontecer conosco, algo que mudará nossas vidas para sempre.

O ano passou e no dia marcado nada extraordinário aconteceu. A. explicou para D.: não faz mal; o importante vai acontecer no ano que vem. Quando o segundo ano chegou ao fim, aconteceu a mesma coisa: nada. Mas A. e D. não se deixaram abater. Ao longo de todos os anos da escola secundária, os dois continuaram a comemorar aquele dia. Não com cerimônias, mas apenas com um sinal de confirmação. Por exemplo, estavam no corredor da escola e diziam: sábado é o dia. Não que ainda esperassem algum milagre. Porém, o que era bem mais interessante, no correr dos anos os dois se tornaram afeiçoados à lembrança de sua predição.

O futuro imprevidente, o mistério do que ainda não aconteceu: também isso, aprendeu ele, pode ser preservado na memória. E às vezes o espanta que a profecia adolescente e cega que fizera vinte anos antes, aquela antevisão do extraordinário, fosse ela mesma, na verdade, a própria coisa extraordinária: sua mente saltando com alegria para o desconhecido. Pois o fato que importa é: muitos anos haviam passado. E no entanto, ao fim de cada mês de novembro, ele se vê lembrando esse dia.

Profecia. Como no verdadeiro. Como em Cassandra, que fala da solidão de sua cela. Como em uma voz de mulher.

O futuro tomba de seus lábios no presente, cada coisa exatamente como vai acontecer, e o destino dela é nunca acreditarem no que diz. Louca, a filha de Príamo: "os gritos daquele pássaro de mau agouro" de quem "[...] sons de desgraça/ Irrompiam terríveis, enquanto ela mascava a folha do loureiro,/ E de tempos em tempos, como a Esfinge negra,/ Vertia uma enxurrada de canções enigmáticas" (*Cassandra*, de Licofron; a partir da tradução para o inglês feita por Royston, 1806). Falar do futuro é usar uma língua que está sempre adiante de si mesma, declarando ao passado coisas que ainda não aconteceram, declarando para um "já" que está para sempre atrás de si mesmo e, nesse espaço entre enunciação e ato, palavra após palavra, uma fenda começa a se abrir, e con-

143

templar tamanho vazio por qualquer intervalo de tempo é ficar atordoado, sentir-se despencar no abismo.

A. se lembra da agitação que experimentou em Paris, em 1974, quando descobriu o poema de setecentos versos de Licofron (*circa* 300 a.C.), que é um monólogo dos delírios de Cassandra na prisão, antes da queda de Troia. Ele entrou em contato com o poema mediante uma tradução francesa feita por Q., um escritor da mesma idade que ele (24 anos). Três anos depois, quando se encontrou com Q. em um café na rue Condé, perguntou-lhe se conhecia alguma tradução do poema para o inglês. Q. mesmo não lia nem falava inglês mas, sim, tinha ouvido falar de uma tradução, feita por um certo lorde Royston no início do século XIX. Quando A. voltou para Nova York no verão de 1974, foi à biblioteca da Universidade de Columbia procurar o livro. Para sua grande surpresa, encontrou-o. *Cassandra, traduzido do original grego de Licofron, com notas explicativas*; Cambridge, 1806.

Essa tradução era a única obra de alguma consistência saída da pena de lorde Royston. Ele completara a tradução ainda enquanto aluno de graduação em Cambridge e publicou o poema por conta própria, em uma luxuosa edição particular. Em seguida, depois de se formar, partiu para a tradicional viagem continental. Em virtude do tumulto napoleônico na França, não rumou para o sul — que teria sido o caminho natural para um jovem com interesses como os dele —, mas sim para o norte, para os países escandinavos, e em 1808, enquanto viajava pelas águas traiçoeiras do mar Báltico, afogou-se em um naufrágio ao largo da costa da Rússia. Tinha apenas 24 anos.

Licofron: "o obscuro". Em seu poema denso e desnorteante, nada é jamais nomeado, tudo se converte em uma referência de outra coisa. Rapidamente nos perdemos no labirinto de suas associações e todavia continuamos a percorrer o texto, impelidos pela força da voz de Cassandra. O poema é um transbordamento verbal, que exala fogo, se consome no fogo, se aniquila no limiar do sentido. "A palavra de Cassandra", como disse um amigo de A. (B., em uma palestra, curiosamente, sobre a poesia de Hölderlin — uma poesia que, pelo estilo, ele compara ao discurso de Cassandra), "esse signo irredutível — *deutungslos* —, uma palavra inapreensível, a palavra de Cassandra, uma palavra da qual não se extrai nenhuma lição, uma palavra, a cada vez e sempre, falada para não dizer nada [...]."

Depois de ler a tradução de Royston, A. se deu conta de que um grande talento se perdera naquele naufrágio. O inglês de Royston flui com tamanha fúria, com uma sintaxe de tal modo ágil e acrobática, que ler o poema é sentir-se capturado em uma armadilha dentro da boca de Cassandra.

verso 240   Um juramento! Eles têm um juramento no céu!
            Logo sua vela será aberta e em suas mãos
            O remo forte fenderá pulsante a onda que reflui;
            Enquanto cânticos, hinos e coros jubilosos
            Deleitarão o Deus auspicioso, para quem há de subir,
            Abundante do santuário de Apolo em Delfos, a fumaça
            De numerosos holocaustos: bem contente ouvirá
            Enorques, onde a luz da vela suspensa bem alta
            Brilha em suas terríveis orgias, e quando em tropel
            O Selvagem avançar sobre o campo de milho,
            Louco para destruir, mandará as videiras dele cingirem
            Sua força impetuosa e os arrojará ao chão.

*

verso 426   [...] então a Grécia
            Por esse único crime, sim, só por esse, há de chorar
            Miríades de filhos: nenhuma urna funerária, mas pedras
            Abrigarão seus ossos; nenhum amigo sobre seu pó
            Verterá as libações escuras dos mortos;
            Um nome, um sopro, um som vazio perdura,
            Um mármore estéril se aquece com lágrimas amargas
            De pais e avós, bebês órfãos e viúvas!

*

verso 1686   Por que derramar o canto estéril aos ventos, às ondas?
            Ventos surdos, ondas opacas, e sombras insensíveis de
                matas,
            Eu canto, e entoo minha canção vã.
            Tantos pesares Lépsio despejou sobre minha cabeça,
            Embebendo minhas palavras em incredulidade;

O Deus ciumento! pois de meu leito de virgem
Eu o fiz se apaixonar, sem lhe retribuir o amor.
Mas o destino está em minha voz, a verdade, em meus
    lábios;
O que tem de vir, virá; e quando desgraças nascentes
Lançarem-se sobre sua cabeça, quando, ao fugir de seu
    trono,
Seu país tombar, nem homem nem Deus poderá salvar,
E algum infeliz há de gemer: "Dela nenhuma falsidade
    saiu,
Verdadeiros eram os gritos dessa ave agourenta".

A. sente-se intrigado ao refletir que tanto Royston quanto Q. traduziram este poema aos vinte e poucos anos. Apesar do século e meio que os separa, cada um conferiu uma força especial à sua própria língua por intermédio desse poema. A certa altura, lhe ocorreu que talvez Q. fosse uma reencarnação de Royston. A cada cem anos, mais ou menos, Royston renasceria para traduzir o poema em outro idioma e, assim como Cassandra estava destinada a nunca acreditarem nela, a obra de Licofron permaneceria sem ser lida, geração após geração. Uma missão invulgar, portanto: escrever um livro que ficaria para sempre fechado. E no entanto a imagem avulta em sua mente: naufrágio. Tombar em perfeita consciência no fundo do mar, e o som medonho de madeira que estala, os altos mastros que desmoronam para dentro das ondas. Imaginar os pensamentos de Royston no momento em que seu corpo bateu de encontro à água. Imaginar a calamidade dessa morte.

O Livro da Memória. Livro Oito.
Na época do seu terceiro aniversário, o gosto do filho de A. pela literatura começou a se expandir, de simples livros para bebês fartamente ilustrados para livros infantis mais sofisticados. A ilustração representava ainda uma fonte de grande prazer, mas já não era crucial. A história em si se tornara o bastante para prender sua atenção e, quando A. chegava a uma página sem nenhuma figura, ficava comovido de ver o garotinho olhando para a frente com toda a atenção, para o nada, para o vazio do ar, a parede branca, enquanto imaginava aquilo que as palavras lhe diziam.

"É divertido imaginar que a gente não pode ver", disse para seu pai, uma ocasião, enquanto caminhavam pela rua. Em outra ocasião, o menino entrou no banheiro, fechou a porta e não saiu. A. perguntou através da porta fechada: "O que está fazendo aí dentro?". "Estou pensando", respondeu o menino. "Tenho de ficar sozinho para pensar."

Pouco a pouco, os dois começaram a gravitar em torno de um livro. A história de Pinóquio. Primeiro na versão de Disney e então, pouco depois, na versão original, com texto de Collodi e ilustrações de Mussino. O garotinho nunca se cansava de ouvir o capítulo sobre a tempestade no mar, que conta como Pinóquio encontra Gepeto na barriga do Tubarão Terrível.

"Oh, pai, querido pai! Será que enfim o encontrei? Agora nunca mais, nunca mais deixarei você!"

Gepeto explica: "O mar estava bravio e as ondas cobertas de espuma viraram o barco. Então um Tubarão Terrível veio do fundo do mar e, assim que me viu na água, nadou depressa em minha direção, pôs a língua para fora e me engoliu tão facilmente como se eu fosse uma bala de chocolate.

"E há quanto tempo está trancado aqui dentro?

"Desde aquele dia até hoje, dois anos longos e tristes... dois anos, meu Pinóquio [...].

"E como foi que viveu? Onde arranjou essa vela? E os fósforos para acendê-la? Onde foi que arranjou?

"Na tempestade que afundou meu barco, um grande navio também padeceu o mesmo destino. Os marinheiros todos se salvaram, mas o navio desceu direto para o fundo do mar e o mesmo Tubarão Terrível que me tragou engoliu a maior parte do navio [...]. Para minha sorte, esse navio estava carregado de carne, alimentos em conserva, bolachas, pão, garrafas de vinho, passas, queijo, café, açúcar, velas de cera e caixas de fósforo. Com todas essas dádivas, consegui sobreviver durante dois anos inteiros, mas agora cheguei às últimas migalhas. Hoje não sobrou mais nada na despensa e esta vela que você vê aqui é a última que tenho.

"E depois?

"E depois, meu caro, vamos ficar na escuridão".

Para A. e seu filho, tantas vezes separados um do outro ao longo do último ano, havia algo profundamente prazeroso nesse trecho do encontro dos dois. De fato, Pinóquio e Gepeto permanecem separados durante o livro todo. O carpinteiro, o Mestre Cereja, no segundo capítulo, dá para Gepeto o misterioso pedaço de madeira falante. No terceiro capítulo, o velho esculpe a marionete. Ainda antes de Pinóquio estar terminado, começam suas artes e travessuras. "Eu o mereço", diz Gepeto para si mesmo. "Eu devia ter pensado nisso antes de fazê-lo. Agora é tarde demais."

Nessa altura, como qualquer bebê recém-nascido, Pinóquio é pura vontade, carência libidinosa sem nenhuma consciência. Bem depressa, no curso das páginas seguintes, Gepeto ensina seu filho a andar, o boneco experimenta a fome e, por acidente, transforma seu pé em cinzas — pé que Gepeto reconstrói. No dia seguinte, Gepeto vende seu casaco a fim de comprar uma cartilha para Pinóquio aprender a ler na escola ("Pinóquio compreendeu [...] e, incapaz de conter as lágrimas, pulou no pescoço do pai e o beijou sem parar"), e depois, por mais de duzentas páginas, os dois não se veem de novo. O resto do livro conta a história das andanças de Pinóquio em busca do pai — e de Gepeto em busca do filho. A certa altura, Pinóquio se dá conta de que quer se tornar um menino de verdade. Mas também fica claro que esse desejo não se realizará antes de estar de novo ao lado do pai. Aventuras, desventuras, reviravoltas, novas resoluções, lutas, imprevistos, avanços, recuos e, ao longo de tudo isso, o gradual despertar da consciência. A superioridade do original de Collodi em relação à adaptação de Disney reside na sua relutância de explicitar as motivações interiores da história. Elas permanecem intactas, em uma forma pré-consciente, vaga, ao passo que em Disney essas coisas são expressas — o que as sentimentaliza e, portanto, as trivializa. Em Disney, Gepeto reza para ter um filho; em Collodi, ele simplesmente o constrói. O ato físico de moldar o boneco (de um pedaço de madeira falante, que está *vivo*, o que espelha a noção de escultura de Michelangelo: a figura já está presente no material; o artista apenas desbasta o excesso de material até que se revele a forma verdadeira, o que significa que o ser de Pinóquio antecede seu corpo: sua tarefa, ao longo de todo o livro, consiste em encontrá-lo, em outras palavras, encontrar a si mesmo, o que significa que se trata antes de uma história de formação do que de nascimento), esse ato de moldar o boneco é o bastante para exprimir a ideia da prece e sem dúvida é mais forte justamente por permanecer em silêncio. O mesmo se passa com os esforços de Pinóquio para alcançar a condição de um menino de verdade. Em Disney, a Fada Azul o manda ser "corajoso, leal e generoso", como se existisse uma fórmula simples para se apoderar do eu. Em Collodi, não há diretrizes. Pinóquio simplesmente vagueia aos trambolhões, simplesmente vive, e pouco a pouco chega a uma consciência do que ele pode vir a ser. O único aprimoramento que Disney efetua na história, e isso talvez seja discutível, vem no fim, no episódio da fuga do Tubarão Terrível (Monstro, a Baleia). Em Collodi, a boca do Tubarão está aberta (ele sofre de asma e de problemas cardíacos) e, para organizar a fuga, Pinóquio não necessita de nada senão coragem.

"Então, meu pai, não há tempo a perder. Precisamos fugir.

"Fugir! Como?

"Podemos sair correndo pela boca do Tubarão e mergulhar no mar.

"Você fala bem, mas não sei nadar, meu caro Pinóquio.

"E o que tem isso? Você pode montar em meus ombros e eu, que sou bom nadador, levo você a salvo até a praia."

"Sonhos, meu menino!", respondeu Gepetto, balançando a cabeça e sorrindo com tristeza. "Você acha possível que uma marionete de um metro de altura tenha força para me carregar nos ombros e nadar?

"Experimente só para ver! Em todo caso, se estiver escrito que temos de morrer, pelo menos vamos morrer juntos." Sem mais uma palavra, Pinóquio pegou a vela na mão e, enquanto andava na frente para iluminar o caminho, disse para o pai: "Siga--me e não tenha medo".

Em Disney, porém, Pinóquio também precisa de astúcia. A boca da baleia fica fechada e, quando abre, é só para deixar a água entrar, e não sair. Pinóquio, com argúcia, decide fazer uma fogueira dentro da baleia — o que induz o monstro a espirrar, assim expelindo o boneco e seu pai para o mar. Mas com esse floreio se perde mais do que se ganha. Pois a imagem crucial da história é eliminada: Pinóquio nadando pela água terrível, quase afundando sob o peso do corpo de Gepeto, abrindo caminho através da noite cinza-azulada (página 296 da edição americana), enquanto a lua brilha acima dos dois, com um sorriso benévolo no rosto, e a enorme boca aberta do tubarão continua atrás deles. O pai está nas costas do filho: a imagem evocada aqui é tão nitidamente a de Eneias carregando Anquises nas costas para retirá-lo das ruínas de Troia, que toda vez que A. lê a história em voz alta para seu filho, não consegue deixar de ver (pois não se trata de pensar, na verdade, tamanha a velocidade com que essas coisas se passam em sua mente) enxames de outras imagens que sobem aos rodopios do cerne de suas preocupações: Cassandra, por exemplo, que prevê a ruína de Troia e, por conseguinte, a miséria, como nas perambulações de Eneias que antecedem a fundação de Roma e, nessas viagens, a imagem de outra peregrinação errante: os judeus no deserto, a qual, por sua vez, projetam outros enxames de imagens: "Ano que vem, em Jerusalém", e com isso a fotografia, na Enciclopédia Judaica, do seu parente que tinha o mesmo nome do filho.

A. observava com atenção o rosto do filho durante essas leituras de *Pinóquio*. Concluiu que é a imagem de Pinóquio salvando Gepeto (nadando com o velho nas costas) que dá sentido à história para seu filho. Um menino de três anos é de fato muito pequeno. Uma coisinha de nada ao lado do corpo volumoso do pai, ele sonha adquirir poderes extraordinários para conquistar sua mera realidade. Ainda é muito novo para compreender que um dia ele será grande como o pai e, mesmo quando lhe explicam isso com todo cuidado, os fatos ainda permanecem abertos para interpretações grosseiras: "E um dia vou ser tão alto quanto você, e você vai ser tão pequeno quanto eu". O fascínio com os super-heróis das histórias em quadrinhos é talvez compreensível desse ponto de vista. É o sonho de ser grande, de se tornar adulto. "O que faz o Super-Homem?" "Salva as pessoas." Pois esse ato de salvar é na verdade o que um pai faz: salva seu filho do mal. E, para o menino, ver Pinóquio, aquele mesmo boneco tolo que avança aos tropeções de uma desventura para outra, que queria ser "bom" e não conseguia deixar de ser "mau", ver essa mesma pequena e incompetente marionete, que nem mesmo é um menino de verdade, tornar-se um personagem salvador, aquele mesmo que resgata o pai das garras da morte, é um sublime momento de revelação. O filho salva o pai. Isso deve ser imaginado integralmente da perspectiva do menino. E isso, na mente do pai que um dia foi menino, foi filho, ou seja, em relação a seu próprio pai, deve ser imaginado integralmente. *Puer aeternus*. O filho salva o pai.

Outro comentário sobre a natureza do acaso.

Ele não quer deixar de mencionar que, depois de ver S. em Paris, calhou de encontrar o filho caçula de S. em uma visita subsequente — por meio de canais e circunstâncias que nada tinham a ver com S. mesmo. Esse rapaz, P., que tinha exatamente a mesma idade de A., conseguira por esforço próprio ocupar uma posição de certo poder em uma importante empresa cinematográfica francesa. O próprio A. viria mais tarde a trabalhar para esse mesmo produtor, executando para ele uma variedade de tarefas estranhas em 1971 e 1972 (traduzir, redigir sob o nome de outros), mas nada disso é essencial. O que importa é que, entre a metade e o final da década de 70, P. conseguira alcançar o posto de coprodutor e, ao lado do filho do empresário francês, realizou o filme *Super-Homem*, que custou tantos milhões de dólares, segundo leu A., que foi considerado a obra de arte mais cara na história do mundo ocidental.

No início do verão de 1980, pouco depois de seu filho completar três anos, A. e o menino passaram uma semana juntos no interior, em uma casa de amigos que estavam de férias. A. viu no jornal que o filme *Super-Homem* estava passando em um cinema local e resolveu levar o menino, com a remota esperança de que ele conseguiria ficar sentado o filme inteiro. Durante a primeira metade do filme, o menino ficou calmo, entretido com uma caixa de pipocas, cochichando suas perguntas conforme A. lhe dissera para fazer e encarando sem grande alarde aquela história de naves espaciais, planetas que explodem e espaço sideral. Mas então algo aconteceu. O Super-Homem começou a voar e, de uma hora para outra, acabou a tranquilidade do menino. Sua boca ficou aberta, ele se pôs de pé na poltrona, entornou a pipoca, apontou para a tela e começou a gritar: "Olhe! Olhe! Está voando!". Durante o resto do filme, o menino ficou extasiado, o rosto tenso de medo e fascinação, a todo instante fazia perguntas para o pai, tentando assimilar o que tinha visto, se maravilhando, tentando assimilar outra vez, se maravilhando de novo. No fim do filme, a coisa se tornou demais para ele. "Tem muito barulho", disse o menino. Seu pai perguntou se ele queria sair e ele respondeu que sim. A. apanhou-o e o levou para fora do cinema, no meio de uma violenta tempestade de granizo. Enquanto corriam para o carro, o menino disse (se sacudindo para cima e para baixo nos braços do pai): "Estamos tendo muita aventura esta noite, não é?".

Durante o resto do verão, Super-Homem foi sua paixão, sua obsessão, o propósito unificador de sua vida. Recusava-se a vestir qualquer camisa, a não ser a azul com o S na frente. Sua mãe costurou uma capa para ele e, toda vez que ia para a rua, fazia questão de usá-la, correndo pelas ruas com os braços esticados à frente, como se estivesse voando, e parava apenas para declarar a cada transeunte com menos de dez anos de idade: "Sou o Super-Homem!". A. se divertia com tudo isso, pois podia recordar as mesmas coisas da própria infância. Não era essa obsessão que o impressionava: nem mesmo, enfim, a coincidência de conhecer o homem que fez o filme que gerou essa obsessão. Mais do que isso, era o seguinte. Toda vez que via o filho fingindo ser Super-Homem, não conseguia deixar de pensar em seu amigo S., como se até o S na camiseta do filho não fosse uma referência ao Super-Homem, mas sim ao seu amigo. E se intrigava com esse ardil que sua mente armava para ele o tempo todo, essa constante transformação de uma coisa em outra, como se por trás de cada coisa real houvesse uma coisa feita de sombra, tão viva em sua mente quanto a coisa diante de seus olhos, e no fim ele ficava sem saber dizer qual dessas duas coisas estava vendo realmente. E portanto acontecia, e acontecia com frequência, que sua vida não parecia mais habitar o presente.

O Livro da Memória. Livro Nove.

Durante a maior parte de sua vida adulta, ele ganhou a vida traduzindo livros de outros escritores. Senta-se diante de sua escrivaninha, lê o livro em francês e depois pega a caneta e escreve o mesmo livro em inglês. É e não é o mesmo livro, e o estranho dessa atividade nunca deixou de impressioná-lo. Todo livro é uma imagem da solidão. É um objeto tangível, que se pode levantar, baixar, abrir e fechar, e suas palavras representam muitos meses, quando não muitos anos, da solidão de um homem, de tal modo que, para cada palavra que lemos em um livro, podemos dizer a nós mesmos que estamos diante de uma partícula daquela solidão. Um homem senta-se sozinho em um quarto e escreve. Quer fale o livro de solidão, quer fale de companheirismo, é forçosamente um produto da solidão. A. senta-se em seu quarto para traduzir o livro de outro homem, e é como se entrasse na solidão desse homem e a transformasse em sua própria solidão. Mas sem dúvida isso é impossível. Pois, uma vez que a solidão abre uma brecha, uma vez que outro adota essa solidão para si, não é mais solidão, mas uma espécie de companheirismo. Mesmo que só exista um homem no quarto, já existem dois. A. se imagina como uma espécie de fantasma daquele outro homem, que está ali e não está, cujo livro é e não é o mesmo livro que ele está traduzindo. Portanto, diz para si mesmo, é possível estar e não estar sozinho ao mesmo tempo.

Uma palavra vira outra, uma coisa vira outra. Desse modo, diz ele para si mesmo, tudo isso funciona como a memória. Ele imagina uma imensa Babel dentro de si. Existe um texto e ele se traduz em um número infinito de idiomas. Frases se derramam de dentro dele na velocidade do pensamento e cada palavra provém de uma língua distinta, mil idiomas que clamam dentro dele ao mesmo tempo, o alarido ecoa através de um dédalo de quartos, corredores e escadas, com centenas de andares. Ele repete. No espaço da memória, tudo é o que é e ao mesmo tempo é outra coisa. E então lhe ocorre que tudo o que ele está tentando registrar no Livro da Memória, tudo o que escreveu até agora, não é nada mais do que a tradução de um momento ou dois de sua vida — aqueles momentos que viveu na véspera do Natal de 1979, em seu quarto no número 6 da rua Varick.

O momento de iluminação que arde no céu da solidão.

Pascal, em seu quarto na noite de 23 de novembro de 1654, costura o Memorial no forro de suas roupas, de modo que a qualquer momento, pelo resto da vida, ele possa ter sempre à mão o registro daquele êxtase.

No Ano da Graça de 1654
Na segunda-feira, 23 de novembro, dia de são Clemente,
papa e mártir,
e de outros no martirológio
e véspera do dia de são Crisógomo e outros mártires.
De cerca de dez e meia da noite até meia-noite e meia.

Fogo
"Deus de Abraão, Deus de Isaac, Deus de Jacó",
não dos filósofos e cientistas.
Certeza. Certeza. Compaixão. Alegria. Paz.

• • •

Grandeza da alma humana.

• • •

Alegria, alegria, alegria, lágrimas de alegria.

• • •

Não esquecerei vossa palavra. Amém.

• • •

Relativo ao poder da memória.

Na primavera de 1966, pouco depois de conhecer sua futura esposa, A. foi convidado pelo pai dela (um professor de inglês na Universidade de Columbia) para ir ao apartamento da família em Morningside Drive para uma sobremesa e um café. Os convidados do jantar eram Francis Ponge e sua esposa, e o futuro sogro de A. achou que o jovem A. (de apenas dezenove anos na época) gostaria de conhecer um escritor tão afamado. Ponge, o poeta mestre do objeto, inventor de uma poesia, talvez mais do que qualquer outra, solidamente assentada no mundo exterior, estava dando um curso em Columbia naquele semestre. Nessa altura, A. já falava um francês bem razoável. Como Ponge e sua esposa não falavam uma palavra de inglês e os futuros sogros de A. quase não falavam francês, A. participou das conversas de forma mais constante do que teria feito normalmente, em vista de sua timidez inata e de sua tendência de não falar nada sempre que possível. Lembra-se de Ponge como um homem afável e vivaz, de olhos azuis cintilantes.

A segunda vez que A. encontrou Ponge foi em 1969 (embora possa ter sido 1968 ou 1970), em uma festa oferecida em homenagem a Ponge por G., um professor de Barnard que estava traduzindo sua obra. Quando A. apertou a mão de Ponge, apresentou-se dizendo que, embora ele provavelmente não fosse lembrar, os dois haviam se conhecido em Nova York vários anos antes. Ao contrário, replicou Ponge, lembrava-se muito bem daquela noite. E em seguida se pôs a falar do apartamento em que ocorrera o jantar, descreveu-o em todos os detalhes, da vista das janelas à cor do sofá e a disposição dos móveis em cada um dos vários aposentos. Um homem capaz de recordar com tanta exatidão coisas que viu uma só vez, coisas que não poderiam ter nenhum peso em sua vida a não ser por um instante fugaz, impressionou A. com toda a força de um feito sobrenatural. Compreendeu que para Ponge não existia nenhuma divisão entre a tarefa de escrever e a tarefa de olhar. Pois nenhuma palavra pode ser escrita sem antes ter sido vista e, antes de a palavra tomar o rumo da página, deve ter sido parte do corpo, uma presença física com que a pessoa viveu, do mesmo modo que se vive com o próprio coração, o próprio estômago e o próprio cérebro. A memória, portanto, menos como o passado contido em nós do que como uma prova de nossa vida no presente. Se um homem há de estar presente de fato entre o que o cerca, não deve ficar pensando em si mesmo, mas naquilo que vê. Deve esquecer a si mesmo para estar ali. E desse esquecimento emerge a força da memória. É um modo de viver sem nunca perder nada.

Também é verdade que "o homem de boa memória não lembra nada porque não esquece nada", como Beckett escreveu a respeito de Proust. E é verdade que se deve fazer a distinção entre memória voluntária e memória involuntária, como faz Proust no curso de seu longo romance sobre o passado.

O que A. sente estar fazendo, no entanto, quando escreve as páginas de seu livro, é algo que não pertence a nenhum desses dois tipos de memória. A. tem ao mesmo tempo uma memória boa e uma memória ruim. Perdeu muito mas também guardou muito. Enquanto escreve, sente que se move para dentro (através de si mesmo) e ao mesmo tempo se move para fora (na direção do mundo). O que ele experimentou, talvez, durante aqueles poucos momentos na véspera de Natal em 1979, sentado sozinho em seu quarto na rua Varick, foi isto: a súbita consciência de que mesmo sozinho, na mais profunda solidão do seu quarto, ele não estava sozinho, ou, para ser mais exato, que no momento em que começou a tentar falar sobre essa solidão ele se tornou mais do que ele mesmo. A memória, portanto, não apenas como a ressurreição do passado particular de alguém, mas como uma imersão no passado dos outros, o que vale dizer: história — da qual a pessoa tanto participa quanto é uma testemunha, é uma parte e se mantém à parte. Tudo, portanto, está presente ao mesmo tempo em seu pensamento, como se cada elemento refletisse a luz de todos os demais e ao mesmo tempo emitisse seu inextinguível fulgor próprio e singular. Se existe alguma razão para ele estar em seu quarto agora, é porque há dentro dele alguma coisa ávida para ver tudo de uma só vez, saborear esse caos em toda sua simultaneidade bruta e premente. E no entanto a narração disso é necessariamente lenta, a tarefa sutil de tentar lembrar o que já foi lembrado. A caneta nunca será capaz de se mover depressa o bastante para pôr no papel todas as palavras descobertas no espaço da memória. Algumas coisas se perderam para sempre, outras talvez serão de novo lembradas, e outras ainda foram perdidas, encontradas e perdidas outra vez. Não há como ter certeza de nada disso.

Possível(eis) epígrafe(s) para O Livro da Memória.

"Os pensamentos vêm ao acaso e se vão ao acaso. Não há estratégia que permita guardá-los ou possuí-los. Um pensamento escapou: eu estava tentando anotá-lo; em vez disso, escrevo que ele me escapou." (Pascal)

"Enquanto escrevo meu pensamento, às vezes ele me escapa; mas isso me faz lembrar minha própria fraqueza, da qual me esqueço constantemente. Isso me ensina tanto quanto meu pensamento esquecido, pois me esforço só para conhecer meu próprio nada." (Pascal)

O Livro da Memória. Livro Dez.

Quando ele fala do quarto, não tem intenção de desdenhar as janelas que às vezes estão presentes no quarto. O quarto não precisa ser uma imagem da consciência hermética e, quando um homem ou uma mulher está de pé ou sentado sozinho em um quarto, há mais coisas acontecendo ali, A. se dá conta, do que o silêncio do pensamento, o silêncio de um corpo lutando para exprimir seus pensamentos em forma de palavras. Tampouco pretende sugerir que, entre as quatro paredes da consciência, só o sofrimento tem lugar, como nas alusões feitas a Hölderlin e Emily Dickinson. Ele pensa, por exemplo, nas mulheres de Vermeer, sozinhas em seus quartos, com a luz brilhante do mundo real se derramando através de uma janela, fechada ou aberta, e a imobilidade absoluta daquelas solidões, uma evocação quase dolorosa do dia a dia e de suas variáveis domésticas. Pensa sobretudo em uma pintura que viu em sua viagem a Amsterdã, *Mulher de azul*, que quase o paralisou no estado de contemplação, no Rijksmuseum. Conforme escreveu um comentarista: "A carta, o mapa, a gravidez da mulher, a cadeira vazia, a caixa aberta, a janela que não se vê — são todos índices ou emblemas naturais da ausência, do não visto, de outras mentes, vontades, tempos e lugares, do passado e do futuro, do nascimento e talvez da morte —, em geral, de um mundo que se estende além dos limites da moldura, e de horizontes maiores, mais largos, que circundam e invadem a cena suspensa diante de nossos olhos. E no entanto é na plenitude e na autossuficiência do momento presente que Vermeer insiste — com tamanha convicção que sua capacidade de orientar e incluir se reveste de um valor metafísico".

Mais ainda do que os objetos citados nessa lista, é a singularidade da luz que atravessa a janela fora de vista, à esquerda do observador, que acena calorosamente para que ele volte sua atenção para o lado de fora, para o mundo além da pintura. A. olha fixamente o rosto da mulher e, à medida que o tempo passa, ele quase começa a ouvir a voz dentro da cabeça da mulher enquanto ela lê a carta em suas mãos. A mulher, tão grávida, tão serena na imanência da maternidade, com a carta retirada da caixa, sem dúvida sendo lida pela centésima vez; e ali, pendurado na parede à sua direita, um mapa-múndi, que é a imagem de tudo o que existe fora do quarto: essa luz, que verte docemente sobre seu rosto e reluz em seu avental azul, a barriga inflada de vida e seu azul banhado de luminosidade, uma luz tão pálida que beira a brancura. Continuar com outras pinturas do mesmo tipo: *Mulher vertendo o leite, Mulher segurando uma balança, Mulher com colar de pérolas, Moça na janela com jarra, Moça lendo carta em uma janela aberta.*

"A plenitude e a autossuficiência do momento presente."

Se foram Rembrandt e Tito que, de certo modo, atraíram A. até Amsterdã, onde então entrou em quartos e se viu em presença de mulheres (as mulheres de Vermeer, Anne Frank), sua viagem a essa cidade foi ao mesmo tempo concebida como uma peregrinação a seu próprio passado. De novo, seus movimentos interiores expressaram-se na forma de pinturas: um estado emocional que encontra uma representação tangível em uma obra de arte, como se a solidão de outra pessoa fosse na verdade o eco da sua solidão.

Nesse caso estava Van Gogh e o novo museu construído para abrigar sua obra. Como algum trauma antigo sepultado no inconsciente, para sempre unindo dois objetos sem relação entre si (este sapato é meu pai; esta rosa é minha mãe), as pinturas de Van Gogh permanecem em sua mente como uma imagem de sua adolescência, uma tradução de seus sentimentos mais profundos daquele período. Ele consegue até se mostrar bastante preciso quanto a isso, aponta com exatidão os fatos e as suas reações aos fatos, o lugar e a hora (localizações exatas, momentos exatos: ano, mês, dia, até a hora e os minutos). O que importa, porém, não é tanto a sequência da crônica, mas sim suas consequências, sua permanência no espaço da memória. Lembrar, portanto, um dia de abril quando tinha dezesseis anos e matou aula em companhia da garota por quem havia se apaixonado: de forma tão ardorosa, tão desesperada, que pensar nisso ainda dói. Lembrar o trem, e depois a balsa para Nova York (a balsa que desapareceu faz muito tempo: ferro industrial, névoa quente, ferrugem), e depois foram a uma grande exposição de quadros de Van Gogh. Lembrar como ficou lá, trêmulo de felicidade, como se a visão compartilhada daquelas obras as imbuísse da presença da garota, misteriosamente as envernizasse com o amor que sentia por ela.

Alguns dias depois, começou a escrever uma série de poemas (hoje perdidos), com base nas telas que tinha visto, cada poema com o título de uma pintura de Van Gogh. Foram os primeiros poemas de verdade que escreveu. Mais do que um método para penetrar naquelas pinturas, os poemas representaram uma tentativa de recapturar a memória daquele dia. Muitos anos se passaram, contudo, antes que ele compreendesse isso. Só em Amsterdã, enquanto observava as mesmas pinturas que vira com a garota (vendo-as pela primeira vez desde então — era quase metade de sua vida), ele se lembrou de ter escrito aqueles poemas. Nesse momento a equação se tornou clara para ele: o ato de escrever como um ato da memória. Pois o xis da questão é que, afora os poemas, ele não esqueceu nada disso.

Parado, de pé, no Museu Van Gogh em Amsterdã (dezembro de 1979), diante do quadro *O quarto*, concluído em Arles, em outubro de 1888.

Van Gogh para o irmão: "Dessa vez é apenas o meu quarto [...]. Olhar para a pintura deveria repousar o cérebro, ou antes a imaginação [...].

"As paredes são violeta-claro. O chão é de tábuas vermelhas.

"A madeira da cama e das cadeiras é de um amarelo cor de manteiga fresca, o lençol e os travesseiros, de um verde-limão suave.

"A colcha, escarlate. A janela, verde.

"A toalha de mesa, laranja, a pia, azul.

"As portas, lilases.

"E isso é tudo — não há nada nesse quarto de persianas fechadas [...].

"Isso como uma forma de vingança contra o repouso forçado que fui obrigado a fazer [...].

"Farei para você esboços também dos outros quartos, algum dia."

À medida que A. continuava a examinar a pintura, no entanto, não conseguia deixar de sentir que Van Gogh fizera algo bem diferente do que julgava ser sua intenção. A primeira impressão de A. foi de fato uma sensação de calma, de "repouso", como o artista a descreve. Mas aos poucos, à medida que tentou habitar o quarto apresentado na tela, começou a experimentá-lo como uma prisão, um espaço impossível, uma imagem não tanto de um lugar para morar, mas sim da mente que foi forçada a viver ali. Observe com cuidado. A cama bloqueia uma porta, a cadeira bloqueia a outra porta, a janela está fechada: não se pode entrar e, uma vez lá dentro, não se pode sair. Sufocados no meio dos móveis e dos objetos do dia a dia no quarto, começamos a ouvir um grito de sofrimento nessa pintura e, uma vez que o ouvimos, ele não para mais. "Gritei por causa da minha angústia [...]." Mas não há resposta para esse grito. O homem nessa pintura (e é um autorretrato, em nada diferente do retrato do rosto de um homem, com olhos, nariz, lábios e queixo) ficou tempo demais sozinho, debateu-se tempo demais nos abismos da solidão. O mundo termina na porta bloqueada. Pois o quarto não é uma representação da solidão, é a própria substância da solidão. E é uma coisa tão pesada, tão irrespirável, que não pode de modo algum ser mostrada em outros termos senão naquilo que é. "E isso é tudo — não há nada nesse quarto com a janela fechada [...]."

Outro comentário sobre a natureza do acaso.

A. chegou a Londres e partiu de Londres, passando uns poucos dias, no início e no fim de sua viagem, em visita a amigos ingleses. A garota da balsa e das pinturas de Van Gogh era inglesa (ela cresceu em Londres, morou na América entre os doze e os dezoito anos, e depois voltou a Londres para cursar a escola de arte) e, na primeira escala da viagem, A. passou várias horas com ela. Ao longo dos anos, desde sua formatura na escola secundária, os dois mantiveram um contato pelo menos intermitente, encontraram-se talvez cinco ou seis vezes. A. já estava curado dessa paixão havia muito tempo mas não a extirpara completamente de seu pensamento, se apegava de certo modo ao sentimento dessa paixão, embora a moça mesma tivesse perdido a importância para ele. Haviam se passado vários anos desde seu último encontro e agora ele achou triste, quase opressivo, estar com ela. Ainda era linda, pensou A., e a solidão ainda parecia envolvê-la, do mesmo modo que um ovo envolve um pássaro que vai nascer. Ela morava sozinha, quase não tinha amigos. Durante muitos anos, trabalhou em esculturas de madeira, mas se recusava a mostrá-las a alguém. Toda vez que concluía uma obra, ela a destruía e depois começava uma outra. De novo, A. se viu face a face com a solidão de uma mulher. Mas aqui ela se havia voltado para dentro de si mesma e secara na própria fonte.

Um ou dois dias depois, ele foi a Paris, em seguida para Amsterdã e no fim voltou a Londres. Pensou consigo mesmo: não terei tempo de vê-la de novo. Em um daqueles dias que precederam sua volta para Nova York, ele tinha um jantar marcado com um amigo (T., o mesmo que pensava que A. e ele deviam ser primos) e resolveu passar a tarde na Real Academia de Arte, onde havia uma grande exposição de quadros "pós-impressionistas". A enorme aglomeração de visitantes no museu, porém, o deixou sem ânimo de passar a tarde inteira ali, conforme havia planejado, e se viu com três ou quatro horas vagas antes do jantar combinado. Foi a um restaurante barato, no Soho, que servia filé de peixe e batatas fritas, para almoçar, enquanto tentava decidir o que faria durante esse tempo livre. Pagou a conta, saiu do restaurante, dobrou a esquina e ali, enquanto ela estava parada, de pé, olhando para a vitrine de uma grande loja, ele a viu.

Não era todo dia que A. encontrava um conhecido nas ruas de Londres (nessa cidade de milhões de habitantes, ele não conhecia senão algumas poucas pessoas), e no entanto esse encontro lhe pareceu perfeitamente natural, como se fosse um fato corriqueiro. A. estava justamente pensando nela um momento antes, lamentava sua decisão de não lhe telefonar e agora que ela estava ali, de repente de pé diante de seus olhos, A. não conseguia evitar a sensação de que a havia induzido a aparecer.

A. caminhou em sua direção e disse seu nome.

***

Pinturas. Ou o colapso do tempo em imagens.

Na exposição da Real Academia que ele vira em Londres, havia vários quadros de Maurice Denis. Em Paris, A. visitara a viúva do poeta Jean Follain (Follain, que morrera em um acidente de trânsito em 1971, dias antes de A. se mudar para Paris), a propósito de uma antologia da poesia francesa que A. vinha preparando e que a rigor foi o que o trouxe de volta à Europa. Madame Follain, A. logo soube, era filha de Maurice Denis e boa parte dos quadros de seu pai estava pendurada nas paredes do apartamento. Ela mesma estava então com pouco menos de oitenta anos, talvez já tivesse oitenta, e A. ficou impressionado por sua rigidez parisiense, sua voz rouca, sua devoção pela obra do marido morto.

Um dos quadros no apartamento tinha um título: *Madelaine à dix-huit mois* (Madelaine com dezoito meses), que Denis escrevera na parte de cima da tela. Era a mesma Madelaine que crescera para se tornar a esposa de Follain e que acabara de pedir para A. entrar em seu apartamento. Por um instante, sem ter consciência disso, ela se deteve de pé diante do quadro, pintado quase oitenta anos antes, e A. viu, como que em um incrível salto através do tempo, que o rosto da criança na pintura e o rosto da mulher idosa à sua frente eram exatamente o mesmo. Nesse instante único, A. sentiu que havia rompido a ilusão do tempo humano e experimentara o tempo naquilo que ele era de fato: nada mais do que um piscar de olhos. Viu uma vida inteira parada à sua frente e ela sucumbira naquele instante único.

O. para A., em uma conversa, descrevendo a sensação de ter ficado velho. O., agora com mais de setenta anos, a memória fraquejando, o rosto tão enrugado quanto uma palma da mão meio fechada. Enquanto olhava para A. e balançava a cabeça com um humor sem risos: "Que coisa estranha para acontecer com um menino".

Sim, é possível que a gente não cresça, e que mesmo quando a gente fique velho continue a criança que sempre foi. Lembramo-nos de nós mesmos como éramos então e sentimos que somos os mesmos. Portanto fizemos de nós aquilo que somos agora e permanecemos o que fomos, apesar dos anos. Para nós mesmos, não mudamos. O tempo nos faz envelhecer, mas não mudamos.

O Livro da Memória. Livro Onze.

Ele se lembra de voltar para casa, depois da festa do seu casamento, em 1974, a esposa a seu lado em seu vestido branco, se lembra de tirar do bolso a chave da porta da frente, enfiá-la na fechadura e depois, quando girou o pulso, sentir a ponta da chave quebrar lá dentro.

Recorda que na primavera de 1966, não muito depois de conhecer sua futura esposa, uma das teclas do piano dela quebrou: o fá acima do dó médio. Naquele verão, os dois viajaram para uma parte remota do Maine. Um dia, enquanto caminhavam por uma cidade quase abandonada, entraram ao acaso em um velho salão de festas, que não era usado havia anos. Resquícios de alguma sociedade masculina estavam espalhados pelo lugar: cocares de índio, listas de nomes, restos de festas de beberrões. O salão estava empoeirado e vazio, exceto por um piano de armário que se via em um canto. Sua esposa começou a tocar (tocava bem) e descobriu que todas as teclas funcionavam, menos uma: o fá acima do dó médio.

Foi nesse momento, talvez, que A. se deu conta de que o mundo continuaria a ludibriá-lo para sempre.

Se um romancista tivesse empregado esse pequeno incidente das teclas de piano quebradas (ou o incidente no dia do casamento, em que a chave se quebrou dentro da fechadura da porta), o leitor seria obrigado a registrar o fato, supor que o romancista tentava salientar algo acerca de seu personagem ou do mundo. Alguém poderia falar em significados simbólicos, em subtexto, ou apenas em artifícios formais (pois assim que algo acontece mais de uma vez, mesmo que seja arbitrário, um padrão se delineia, uma forma começa a emergir). Em uma obra de ficção, supõe-se que haja uma mente consciente por trás das palavras na página. Diante de acontecimentos no chamado mundo real, a pessoa não supõe coisa alguma. A história inventada consiste integralmente em significados, ao passo que a história do fato é destituída de qualquer significação além dele mesmo. Se um homem diz para você "Vou para Jerusalém", você pensa consigo mesmo: que bom, ele vai para Jerusalém. Mas se um personagem em um romance dissesse estas mesmas palavras, "Vou para Jerusalém", sua reação não seria de modo algum a mesma. Para começar, você pensaria na própria Jerusalém: sua história, seu papel religioso, sua função como lugar mítico. Você pensaria no passado, no presente (política; o que é também pensar no passado recente) e no futuro — como na frase: "Ano que vem, em Jerusalém". Além disso, você iria incorporar esses pensamentos a tudo o que já soubesse sobre o personagem que vai para Jerusalém e usar essa nova síntese para extrair outras conclusões, apurar percepções, refletir de forma mais ponderada sobre o livro como um todo. E então, uma vez encerrada a obra, lida a última página e fechado o livro, começam as interpretações: psicológicas, históricas, sociológicas, estruturais, filológicas, religiosas, sexuais, filosóficas, separadamente ou em combinações variadas, dependendo da sua inclinação. Embora seja possível interpretar uma vida real segundo qualquer um desses sistemas (as pessoas, afinal de contas, procuram padres e psiquiatras; às vezes tentam compreender suas vidas em termos de condições históricas), isso não tem o mesmo efeito. Algo fica faltando: a grandeza, o alcance geral, a ilusão de uma verdade metafísica. Diz-se: Dom Quixote é a consciência enlouquecida em um reino do imaginário. Olhamos para um louco no mundo (A. olha para sua irmã esquizofrênica, por exemplo), e não dizemos nada. Isso é a tristeza de uma vida desperdiçada, talvez — e nada mais.

De vez em quando, A. se vê olhando para uma obra de arte com os mesmos olhos que usa para ver o mundo. Ler o imaginário desse modo é destruí-lo. Pensa, por exemplo, na descrição da ópera feita por Tolstói, em *Guerra e paz*. Na passagem, nada é visto como óbvio e assim tudo acaba reduzido ao absurdo. Tolstói zomba do que vê limitando-se a descrevê-lo. "No segundo ato, havia monumentos de papelão no palco e um buraco redondo no pano de fundo, para representar a lua. Quebra-luzes foram ajustados nas lâmpadas de chão e soaram notas graves nos metais e nos contrabaixos, enquanto várias pessoas entraram dos dois lados do palco vestindo mantos pretos e fazendo floreios no ar com o que pareciam ser adagas. Em seguida outros homens entraram correndo e começaram a arrastar para fora a donzela que antes estava de branco e agora vestia azul-claro. Mas não a levaram embora de uma vez: passaram um longo tempo cantando com ela, até que por fim a arrastaram à força para fora e, por trás do cenário, algo metálico foi golpeado três vezes, e todo mundo se ajoelhou e entoou uma prece. Todas essas ações eram repetidamente interrompidas pelos gritos entusiasmados da plateia."

Existe ainda a tentação oposta e equivalente de olhar para o mundo como se fosse uma extensão do imaginário. Isso algumas vezes também aconteceu com A., mas ele se recusa a aceitá-lo como uma solução válida. Assim como todo mundo, ele busca um sentido. Como todo mundo, sua vida é tão fragmentada que, toda vez que vê uma ligação entre dois fragmentos, fica tentado a procurar um sentido nessa ligação. A ligação existe. Mas lhe dar um sentido, olhar além do mero fato de sua existência, seria construir um mundo imaginário dentro do mundo real, e A. sabe que isso não se sustentaria. Em seus momentos mais corajosos, ele adota a ausência de sentido como o princípio primordial, e depois compreende que sua obrigação é ver o que está à sua frente (embora esteja também dentro dele) e dizer o que vê. Está em seu quarto na rua Varick. Sua vida não tem nenhum sentido. O livro que escreve não tem nenhum sentido. Existe o mundo, e existem as coisas que a pessoa encontra no mundo, e falar sobre elas é estar no mundo. Uma chave quebra dentro da fechadura e alguma coisa aconteceu. Ou seja, uma chave quebrou dentro da fechadura. O mesmo piano parece existir em dois lugares diferentes. Um jovem, vinte anos depois, acaba morando no mesmo quarto onde seu pai enfrentou o horror da solidão. Um homem encontra seu antigo amor em uma rua de uma cidade estrangeira. Isso só significa aquilo que é. Nada mais, nada menos. Depois, ele escreve, como na frase: "ele escreveu O Livro da Memória neste quarto".

A invenção da solidão.

Ele quer dizer. Ou seja, ele significa. Como em francês, "*vouloir dire*", que significa, literalmente, querer dizer, mas na verdade significa significar. Ele significa o que quer dizer. Ele quer dizer o que significa. Ele diz o que quer significar. Ele significa o que diz.

Viena, 1919.

Nenhum sentido, sim. Mas seria impossível dizer que não estamos assombrados. Freud descreveu essa experiência como "estranha", ou *unheimlich* — o antônimo de *heimlich*, que significa "familiar", "nativo", "que pertence ao lar". Fica subentendido, portanto, que somos expulsos da concha protetora de nossas noções costumeiras, como se de repente estivéssemos fora de nós mesmos, à deriva em um mundo que não compreendemos. Por definição, estamos perdidos nesse mundo. Não podemos sequer ter esperança de encontrar nele o nosso caminho.

Freud sustenta que cada etapa de nosso desenvolvimento coexiste com todas as demais. Mesmo quando adultos, trazemos oculta dentro de nós a memória da maneira como percebíamos o mundo quando crianças. E não só a memória: a estrutura mesma se mantém intacta. Freud vincula a experiência do estranho a um renascimento da visão de mundo egocêntrica e animista da criança. "Parece que todos nós passamos por uma fase de desenvolvimento individual que corresponde a esse estágio animista nos homens primitivos, que nenhum de nós o ultrapassou sem que certos traços dele possam ser reativados, e que tudo o que agora nos choca como 'estranho' satisfaz a condição de avivar esses vestígios de atividade mental animista dentro de nós, e lhes dá expressão." E conclui: "Uma experiência estranha tem lugar quando complexos infantis reprimidos foram reavivados por alguma impressão, ou quando as crenças primitivas que superamos parecem mais uma vez se confirmar".

Nada disso, claro, é uma explicação. No máximo, serve para descrever o processo, mostrar o terreno em que acontece. Como tal, A. está mais do que disposto a aceitá-lo como verdade. A indomesticidade, portanto, como a memória de um outro lar da mente, muito mais antigo. Do mesmo modo que um sonho às vezes resiste à interpretação até que um amigo venha sugerir um significado simples, quase óbvio, A. não consegue comprovar se a tese de Freud é falsa ou verdadeira, mas lhe parece correta, e ele está mais do que propenso a aceitá-la. Todas as coincidências que aparentemente se multiplicaram à sua volta estão, portanto, de algum modo ligadas a uma recordação de sua infância, como se, por começar a lembrar a infância, o mundo estivesse voltando para um estágio anterior da sua existência. Isso lhe parece correto. A. está lembrando sua infância, e ela surgiu para ele no presente na forma dessas experiências. A. está lembrando sua infância, e ela está escrevendo a si mesma no presente para ele. Talvez seja isso que A. quer dizer quando escreve: "a ausência de sentido é o princípio primordial". Talvez seja isso que ele quer dizer quando escreve: "Ele significa o que diz". Talvez seja isso o que ele quer dizer. E talvez não seja. Não há como ter certeza de nada disso.

A invenção da solidão. Ou histórias de vida ou morte.

A história começa pelo fim. Fale ou morra. E enquanto continuar a falar, não vai morrer. A história começa pela morte. O rei Xeriar foi traído pela mulher: "e eles não pararam de se beijar, se abraçar, se beliscar e promover orgias". Ele se afasta do mundo, jura nunca sucumbir novamente aos ardis femininos. Mais tarde, de volta ao seu trono, satisfaz seus desejos físicos tomando para si mulheres do reino. Uma vez satisfeito, ordena sua execução. "E agiu assim durante três anos, até que o país se viu privado de moças em idade de casar e todas as mulheres, mães e pais choraram e gritaram contra o rei, o amaldiçoaram, protestaram ao Criador do céu e da terra e pediram socorro a Ele que ouve os que rezam e atende aqueles que suplicam Seu auxílio; e aqueles que ainda tinham filhas fugiram com elas, até que por fim não restou na cidade uma única moça com quem se pudesse casar."

Nessa altura, Xerazade, a filha do vizir, se apresenta como voluntária para ir ao encontro do rei. ("Sua memória estava abarrotada de versos, contos, folclore e provérbios de reis e sábios, era inteligente, astuta, prudente e bem-educada.") Seu pai, desesperado, tenta dissuadi-la do que será sua morte certa, mas ela se mostra inabalável. "Case-me com esse rei, pois ou eu serei aquela que libertará do massacre as filhas dos muçulmanos, ou hei de morrer e perecerei como outras pereceram." Ela vai passar a noite com o rei e põe em prática seu plano: "contar [...] histórias encantadoras para passar a vigília de nossa noite [...]; há de ser o instrumento da minha libertação e a forma de livrar o povo dessa calamidade, e desse modo afastarei o rei do seu costume".

O rei concorda em ouvi-la. Xerazade começa sua história e o que ela conta é uma história sobre contar histórias, uma história dentro da qual estão várias histórias, cada uma, em si mesma, sobre contar histórias — o meio pelo qual um homem se salva da morte.

O dia começa a nascer e, no meio da primeira história dentro de outra história, Xerazade emudece. "Isto não é nada comparado ao que vou contar amanhã à noite", diz ela, "se o rei permitir que eu viva." E o rei diz para si mesmo: "Por Alá, não vou matá-la até ter ouvido o resto da história". E assim continuou por três noites: a história de cada noite se interrompia antes do fim e se desviava para o início da história da noite seguinte, ocasião em que o primeiro ciclo de histórias se concluiu e um novo ciclo teve início. Na verdade, é uma questão de vida ou morte. Na primeira noite, Xerazade começa com "O mercador e o gênio". Um homem foi almoçar em um jardim (um oásis no deserto), atirou para longe um caroço de tâmara e, de repente, "surgiu diante dele um espírito gigantesco, e com uma espada desembainhada na mão, se aproximou e disse: 'Fica de pé para que eu possa matar-te, assim como mataste meu filho'. 'Como matei teu filho?', perguntou o mercador, e o gênio respondeu: 'Quando atiraste para longe o caroço de tâmara, atingiste no peito o meu filho, que passava naquele momento, e ele morreu na mesma hora'".

Isto é a culpa gerada a partir da inocência (ecoando o destino das moças do reino em idade de casar), e ao mesmo tempo é o nascimento do feitiço — transformar um pensamento em uma coisa, trazer à vida o invisível. O mercador argumenta em sua defesa e o gênio concorda em adiar sua execução. Mas dali a exatamente um ano o mercador deveria voltar àquele mesmo lugar, onde o gênio cumpriria a sentença. Um paralelo já se delineia em relação à situação de Xerazade. Ela quer adiar sua execução e, ao plantar essa ideia na mente do rei, ela argumenta em defesa própria — mas o faz de tal maneira que o rei não consegue perceber. Pois esta é a função da história: fazer um homem ver a coisa diante dos olhos, enquanto mostra a ele uma outra coisa.

Passa o ano e o mercador, fiel à sua palavra, volta ao jardim. Senta-se e começa a chorar. Um ancião passa por ali, trazendo uma gazela por uma corrente, e pergunta ao mercador o que há de errado. O ancião fica fascinado com a história que o mercador lhe conta (como se a vida do mercador fosse um conto, com princípio, meio e fim, uma ficção forjada por outra mente — o que de fato é verdade), e resolve esperar para ver como vai terminar. Em seguida, outro ancião passa por ali, trazendo dois cães pretos. A conversa se repete e então também ele se senta e espera. Depois um terceiro ancião aparece, trazendo uma mula malhada, e mais uma vez acontece a mesma coisa. Por fim, surge o gênio, em uma "nuvem de poeira e uma grande coluna rodopiante vinda do coração do deserto". Quando está prestes a arrebatar o mercador e matá-lo com um golpe da espada, "assim como assassinaste meu filho, o adorado do meu coração!", o primeiro ancião dá um passo à frente e diz para o gênio: "Se eu contar para ti minha história com esta gazela e ela te parecer maravilhosa, cederás para mim um terço do sangue deste mercador?". De forma espantosa, o gênio concorda, assim como o rei concordara em ouvir a história de Xerazade: prontamente, sem opor resistência.

Observação: o ancião não se propõe a defender o mercador como seria feito em um tribunal, com argumentos, contra-argumentos, apresentação de provas. Isso seria fazer o gênio olhar para aquilo que ele já vê: e a esse respeito sua mente já tomou sua decisão. Em vez disso, o ancião quer desviá-lo dos fatos, desviá-lo de pensamentos de morte e, ao fazê-lo, deliciá-lo (literalmente "deleitá-lo", do latim *delectare*) com uma nova sensação de vida, que em troca o fará renunciar à sua obsessão de matar o mercador. Uma obsessão desse tipo empareda a pessoa na solidão. Não se enxerga mais nada senão os próprios pensamentos. Uma história, no entanto, por não constituir um argumento lógico, derruba essas paredes. Pois postula a existência de outros e permite ao ouvinte entrar em contato com eles — ainda que só em pensamento.

O ancião dá início a uma história insólita. "Esta gazela que vocês veem à sua frente", diz ele, "é na verdade a minha esposa. Durante trinta anos, ela viveu comigo e todo esse tempo não conseguiu emitir nenhum som." (De novo: uma alusão à criança ausente — a criança morta, a criança ainda não nascida —, que remete o gênio de volta à sua dor, mas de forma oblíqua, como parte de um mundo em que a vida equivale à morte.) "Portanto tomei para mim uma concubina e tive com ela um filho semelhante à lua cheia nascente, com olhos e sobrancelhas de beleza perfeita [...]." Quando o menino tinha quinze anos, o ancião partiu para outra cidade (ele também é mercador) e, em sua ausência, a esposa ciumenta usou de magia para transformar o menino em um bezerro e sua mãe em uma vaca. "Tua escrava morreu e o filho dela fugiu", disse a esposa para ele em seu regresso. Após um ano de luto, a vaca foi morta em sacrifício — mediante maquinações da esposa ciumenta. Em seguida, quando o homem estava prestes a matar o bezerro, seu coração hesitou. "E quando o bezerro olhou para mim, rompeu seu cabresto, aproximou-se, me afagou, gemeu e chorou, até que me apiedei dele e disse [...]: 'Tragam uma vaca e soltem este bezerro'." A filha do boiadeiro, também instruída na arte da magia, mais tarde descobriu a verdadeira identidade do bezerro. Depois que o mercador lhe prometeu as duas coisas que pediu (casar com o filho dele e enfeitiçar a esposa ciumenta, aprisionando-a na forma de um animal — "caso contrário, não estarei a salvo de seus feitiços"), ela devolveu o filho à sua forma original. Mas a história também não termina aí. A noiva do filho, explica ainda o ancião, "morou conosco muitos e muitos dias e noites, até que Deus a levou consigo; e após sua morte, meu filho partiu em uma viagem para as terras da Índia, que é a terra natal deste mercador; e após um tempo peguei a gazela e viajei com ela de um lugar para outro, em busca de notícias do meu filho, até que o acaso me trouxe para este jardim, onde encontrei este mercador chorando; e esta é minha história". O gênio admite que é uma história maravilhosa e concede ao ancião um terço do sangue do mercador.

Um após outro, os dois anciãos restantes propõem a mesma barganha ao gênio e começam suas histórias do mesmo modo. "Estes dois cães são meus irmãos mais velhos", diz o segundo ancião. "Esta mula é minha esposa", diz o terceiro. Essas frases introdutórias contêm a essência de todo o projeto. Pois o que significa olhar uma coisa, um objeto real no mundo real, um animal, por exemplo, e dizer que é outra coisa e não aquilo que é? Significa dizer que todas as coisas têm uma vida dupla, ao mesmo tempo no mundo e em nossas mentes, e que negar tanto uma dessas vidas como a outra é matar a coisa de uma só vez em suas duas vidas. Nas histórias dos três anciãos, dois espelhos se põem um diante do outro, refletem a luz um do outro. Ambos são feitiços, ambos são o real e o imaginário, e cada um existe em virtude do outro. E é, de fato, uma questão de vida ou morte. O primeiro ancião veio ao jardim em busca do filho; o gênio veio ao jardim para matar o assassino involuntário do seu filho. O que o ancião está dizendo é que nossos filhos são sempre invisíveis. Trata-se da mais simples de todas as verdades: uma vida só pertence à pessoa que a vive; a vida mesma exige viver; viver é deixar viver. E no final, por meio dessas três histórias, a vida do mercador é poupada.

É assim que começam *As mil e uma noites*. No fim de toda a narrativa, depois de uma história após outra história após outra história, chega-se a um resultado específico, e ele traz consigo todo o peso inexorável de um milagre. Xerazade deu ao rei três filhos. De novo, a lição se torna clara. Uma voz que fala, uma voz de mulher que fala, uma voz que conta histórias de vida ou morte tem o poder de dar a vida.

"'Posso então me atrever a pedir uma graça de Vossa Majestade?'

"'Peça, ó Xerazade — respondeu ele — e essa graça lhe será concedida.'

"Com o que ela gritou para as criadas e para os eunucos, dizendo:

"'Tragam meu filhos'.

"Assim eles os trouxeram às pressas para junto dela, e eram três meninos, um andava, um engatinhava, o outro mamava no peito. Ela os tomou e, dispondo-os diante do rei, beijou o chão e disse:

"'Ó rei de nossa época, estes são teus filhos, e imploro que me libertes da sentença de morte, pelo bem destas crianças'."

Quando o rei ouve estas palavras, se põe a chorar. Acolhe os meninos em seus braços e declara seu amor por Xerazade.

"E assim enfeitaram a cidade de um modo esplendoroso, como nunca se viu igual, e os tambores retumbaram, as trombetas ressoaram, enquanto todos os mímicos, palhaços e atores exibiam suas variadas artes e o rei prodigalizava dádivas e presentes para eles. Sobretudo distribuiu esmolas para os pobres e os necessitados, e estendeu seus favores para todos seus súditos e para o povo do seu reino."

Texto espelho.

Se a voz de uma mulher que conta histórias tem o poder de trazer crianças ao mundo, é também verdade que uma criança tem o poder de dar vida a histórias. Dizem que um homem ficaria louco se não pudesse sonhar à noite. Do mesmo modo, se não é permitido a uma criança entrar no imaginário, ela nunca se verá frente a frente com o real. A necessidade de histórias que a criança sente é tão fundamental quanto sua necessidade de comida, e se manifesta da mesma forma que a fome. Conte-me uma história, diz a criança. Conte-me uma história. Conte-me uma história, papai, por favor. O pai então se senta e conta uma história para o filho. Ou então se deita no escuro ao lado dele, os dois na cama da criança, e começa a falar, como se não houvesse mais nada no mundo senão sua voz, contando uma história no escuro para seu filho. Muitas vezes é um conto de fadas, ou um conto de aventuras. Porém, muitas vezes não passa de um simples salto para o imaginário. Era uma vez um menino chamado Daniel, diz A. para seu filho chamado Daniel, e essas histórias nas quais o próprio menino é o herói são talvez as que mais lhe agradam. Do mesmo modo, A. compreende, enquanto fica em seu quarto e escreve O Livro da Memória, ele fala de si mesmo como se fosse um outro, para contar sua própria história. Deve se fingir ausente, para encontrar a si mesmo ali. E assim ele diz A., mesmo quando quer dizer eu. Pois a história da memória é uma história da visão. E mesmo que as coisas a serem vistas não estejam mais presentes, é uma história da visão. A voz, portanto, continua. E mesmo quando o menino fecha os olhos e adormece, a voz do seu pai continua a falar no escuro.

O Livro da Memória. Livro Doze.

Ele não consegue ir além daí. Crianças sofreram nas mãos de adultos, sofreram sem razão absolutamente nenhuma. Crianças foram abandonadas, deixadas para morrer de fome, foram assassinadas sem razão absolutamente nenhuma. Não é possível, compreende ele, ir além daí.

"Mas também existem as crianças", diz Ivan Karamazov, "e o que hei de fazer com elas?" E de novo: "Quero perdoar. Quero abraçar. Não quero mais sofrimento. E se os sofrimentos das crianças alcançarem a soma de sofrimentos necessária para pagar o preço da verdade, então afirmo de antemão que a verdade inteira não vale esse preço".

Todo dia, sem o menor esforço, ele vê aquilo olhando fixamente para o seu rosto. É a época do desmoronamento do Camboja e todo dia aquilo está ali, olhando para ele de dentro do jornal, com as inevitáveis fotografias da morte: as crianças macilentas, os adultos com o olhar despojado de tudo. Jim Harrison, por exemplo, um engenheiro de Oxfam, anota em seu diário: "Visitei uma pequena clínica no quilômetro 7. Nenhum remédio ou medicamento — casos graves de inanição — pessoas que obviamente morriam por mera falta de comida [...]. Centenas de crianças estavam apáticas — muitas doenças de pele, calvície, cabelo descorado e um medo enorme em toda a população". Ou depois, ao descrever o que viu em uma visita no dia 7 de janeiro ao hospital de Phnom Penh: "[...] condições terríveis — crianças na cama em trapos imundos morrendo de fome — nenhum remédio — nenhuma comida [...]. A tuberculose aliada à inanição dá às pessoas uma aparência que lembra Belsen. Em uma enfermaria, um menino de treze anos amarrado à cama porque estava enlouquecendo — muitas crianças ficaram órfãs — ou não conseguem encontrar suas famílias — e se veem uma porção de cacoetes e espasmos nervosos entre as pessoas em geral. O rosto de um menino de dezoito meses estava devastado pelo que parecia uma infecção na pele e na carne, que se haviam rompido em bolhas e feridas em consequência de subnutrição profunda — os olhos repletos de pus, seguro nos braços da irmã de cinco anos [...]. Acho essas coisas muito difíceis de suportar — e essa mesma situação deve se aplicar, hoje, a centenas de milhares de cambojanos".

Duas semanas antes de ler essas palavras, A. saiu para jantar com uma amiga, P., escritora e editora de uma grande revista semanal de notícias. Calhou de ela estar justamente cuidando do "caso do Camboja" para a sua revista. Quase tudo escrito na imprensa americana e estrangeira acerca das condições naquele país passaram pelos olhos dela, e contou para A. a história escrita para um jornal da Carolina — por um médico voluntário americano em um dos campos de refugiados do outro lado da fronteira tailandesa. Tratava da visita da esposa do presidente americano, Rosalyn Carter, àqueles campos. A. lembrava-se das fotos publicadas nos jornais e revistas (a primeira-dama abraçada a uma criança cambojana, a primeira-dama conversando com médicos) e, apesar de tudo o que sabia quanto à responsabilidade americana pela criação das condições contra as quais a senhora Carter viera protestar, ele ficara comovido por aquelas fotos. Acontece que a senhora Carter visitou o campo onde o médico americano trabalhava. O hospital era uma instalação improvisada: telhado de sapé, poucas estacas de sustentação, os pacientes deitados em esteiras no chão. A esposa do presidente chegou, seguida por um enxame de funcionários, repórteres e câmeras. Havia gente demais e, enquanto passavam em bando pelo hospital, mãos de pacientes foram pisadas por pesados sapatos ocidentais, tubos intravenosos foram soltos por pernas que passavam, corpos foram chutados inadvertidamente. Talvez essa confusão pudesse ser evitada, talvez não. Em todo caso, depois que os visitantes concluíram sua inspeção, o médico americano fez um apelo. Por favor, alguns de vocês poderiam ceder um pouco do seu tempo para doar sangue ao hospital; mesmo o sangue do mais saudável cambojano é fraco demais para ser usado; nosso estoque terminou. Mas a programação de visitas da primeira-dama estava atrasada. Tinha de ir a outros lugares naquele mesmo dia, tinha outros sofredores para ver. Não havia tempo para nada, disseram. Sinto muito. Sinto muito mesmo. E depois, de forma tão abrupta quanto chegaram, os visitantes foram embora.

Como o mundo é monstruoso. Como o mundo não pode levar um homem a nada, senão ao desespero, e um desespero tão completo, tão inabalável, que nada pode abrir a porta dessa prisão, que é a desesperança, A. espia através das grades da sua cela e só descobre um pensamento capaz de lhe trazer algum consolo: a imagem do filho. E não só o seu filho, mas qualquer filho, qualquer filha, qualquer criança de qualquer homem ou mulher.

Como o mundo é monstruoso. Como ele parece não oferecer nenhuma esperança de um futuro, A. olha para seu filho e entende que não deve deixar-se desesperar. Existe essa responsabilidade com uma vida jovem e, como ele deu existência a essa vida, A. não deve se desesperar. Minuto a minuto, hora a hora, enquanto permanece na presença do filho, atendendo suas necessidades, dedicando-se a essa vida nova, que é uma contínua imposição para ele permanecer no presente, A. sente seu desespero evaporar. E embora continue a se desesperar, ele não se deixa desesperar.

A ideia de que uma criança sofre, portanto, é monstruosa para ele. E ainda mais monstruosa do que a monstruosidade do próprio mundo. Pois ela rouba do mundo seu único consolo e, como é possível imaginar um mundo sem consolo, ela é monstruosa.

Ele não consegue ir além daí.

É aqui que começa. Ele está de pé, em um quarto vazio, e começa a chorar. "É demais para mim, não consigo olhar para isso de frente" (Mallarmé). "Uma aparência que lembra Belsen", como observou o engenheiro no Camboja. E, sim, neste lugar Anne Frank morreu.

"É de fato uma maravilha", escreveu ela, três semanas antes de ser presa, "que eu não tenha abandonado todos os meus ideais, porque parecem tão absurdos e impossíveis de pôr em prática [...]. Vejo o mundo ser transformado gradualmente em uma selva, ouço o trovão que se aproxima mais e mais, que destruirá também a nós, posso sentir os sofrimentos de milhões e no entanto, se levanto os olhos para os céus, penso que tudo isso vai acabar bem, que essa crueldade também vai chegar ao fim [...]."

Não, ele não quer dizer que isso é a única coisa. Nem sequer tenciona dizer que isso pode ser compreendido, que falando e falando sobre isso seja possível descobrir um significado. Não, não é a única coisa, e a vida no entanto continua, para alguns, se não para a maioria. E no entanto, como se trata de uma coisa que sempre escapará à compreensão, A. quer que isso perdure para ele como a coisa que vem sempre antes do início. Como nas frases: "É aqui que começa. Ele está de pé, em um quarto vazio, e começa a chorar".

Volta à barriga da baleia.

"A palavra do Senhor veio até Jonas [...] e disse: Levanta-te, vai para Nínive, aquela grande cidade, e grita contra ela [...]."

Também nessa ordem, a história de Jonas difere da de todos os demais profetas. Pois os ninivitas não são judeus. Ao contrário dos outros portadores da palavra de Deus, Jonas não é incumbido de se dirigir a seu próprio povo, mas sim a estrangeiros. Pior ainda, eles são inimigos do seu povo. Nínive era a capital da Assíria, o império mais poderoso do mundo, naquela época. Nas palavras de Naum (cujas profecias foram preservadas no mesmo rolo em que estava a história de Jonas): "a cidade sangrenta [...] repleta de mentiras e de pilhagens".

"Levanta-te, vai para Nínive", diz Deus para Jonas. Nínive fica no leste. Jonas imediatamente ruma para oeste, para Társis (Tartessos, no ponto mais extremo da Espanha). Não só ele foge, como vai para o limite do mundo conhecido. Essa fuga não é difícil de compreender. Imagine um caso análogo: um judeu a quem mandam ir para a Alemanha, durante a Segunda Guerra Mundial, pregar contra os nacional-socialistas. É uma ideia que exige o impossível.

Já no segundo século, um dos comentadores rabínicos sustentava que Jonas embarcou no navio para se afogar no mar pelo bem de Israel, não para fugir da presença de Deus. Esta é a leitura política do livro e os intérpretes cristãos rapidamente a voltaram contra os judeus. Teodoro de Mopsuéstia, por exemplo, diz que Jonas foi mandado para Nínive porque os judeus se recusavam a ouvir os profetas, e o livro sobre Jonas foi escrito para dar uma lição ao "povo arrogante". Rupert de Deutz, porém, outro intérprete cristão (século XII), retruca que o profeta recusou a ordem de Deus por piedade de seu povo e, por essa razão, Deus não ficou muito aborrecido com Jonas. Isso faz eco à opinião do próprio rabino Akiba, que afirmou que "Jonas tinha ciúme da glória do filho (Israel), mas não da glória do pai (Deus)".

Entretanto Jonas concorda afinal em ir para Nínive. Mas mesmo após proferir sua mensagem, mesmo após os ninivitas se arrependerem e mudarem de atitude, mesmo após Deus os ter poupado, somos informados de que "isso desagradou a Jonas profundamente e ele ficou muito irritado". Essa é uma raiva patriótica. Por que os inimigos de Israel deveriam ser poupados? É nesse ponto que Deus ensina a Jonas a lição do livro — na parábola da mamoneira, que vem a seguir.

"É justificável ficares irritado?", pergunta ele. Jonas então se retira para os arredores de Nínive, "até que pudesse ver o que aconteceria com a cidade" — sugerindo que ele ainda julgava existir alguma chance de Nínive ser destruída, ou que esperava que os ninivitas voltariam a seus hábitos pecaminosos e atrairiam contra si o castigo. Deus prepara uma cabaça (uma aboboreira) para proteger Jonas do sol e "Jonas ficou extremamente feliz com a cabaça". Mas na manhã seguinte Deus fez a planta murchar. Um vento leste veemente sopra, um sol feroz bate sobre Jonas e "ele desmaiou e teve vontade de morrer, e disse: é melhor para mim morrer do que viver" — as mesmas palavras que usara antes, o que indica que a mensagem desta parábola é a mesma da primeira parte do livro. "E Deus disse a Jonas: É justificável ficares irritado por causa da cabaça? E ele respondeu: É justificável minha irritação, mesmo até a morte. Depois, disse o Senhor: Tu tiveste piedade da cabaça, pela qual não trabalhaste, nem a fizeste crescer; a qual cresceu em uma noite e em uma noite pereceu; e não deveria eu então poupar Nínive, essa grande cidade, onde estão mais de cento e vinte mil pessoas que não conseguem discernir a mão direita da mão esquerda; além de muito gado?"

Esses pecadores, esses idólatras — e até os animais que pertencem a eles — são criaturas de Deus, tanto quanto os hebreus. Essa é uma ideia surpreendente e original, sobretudo levando em conta a data da história — século VIII a.C. (à época de Heráclito). Mas isso, enfim, é a essência do que os rabinos têm a ensinar. Se há de existir alguma justiça, deve ser uma justiça para todos. Ninguém pode ser excluído, ou então não existe justiça alguma. A conclusão é inescapável. O menor dos livros, que conta a curiosa e até cômica história de Jonas, ocupa uma posição central na liturgia: é lida todos os anos na sinagoga no *Yom Kippur*, o Dia do Perdão, que é o dia mais solene do calendário judaico. Pois, conforme já foi assinalado anteriormente, tudo está ligado a tudo. E se tudo existe, segue-se então que todo mundo existe. Ele não perdoa as últimas palavras de Jonas: "É justificável minha irritação, mesmo até a morte". E no entanto ele se vê escrevendo estas palavras na página à sua frente. Se tudo existe, segue-se então que todo mundo existe.

As palavras rimam e, mesmo que não haja nenhuma ligação real entre elas, A. não consegue deixar de pensar essas palavras juntas. Quarto e túmulo, túmulo e útero, útero e quarto. Respiração e morte. Ou o fato de que as letras da palavra "*live*" [vivo] podem ser reordenadas para formar a palavra "*evil*" [mal]. Ele sabe que isso é mais do que uma brincadeira de estudante. De forma surpreendente, porém, quando escreve a palavra "estudante", lembra-se de si mesmo aos oito ou nove anos de idade, e a repentina sensação de poder que experimentou em si mesmo quando descobriu que podia brincar com as palavras desse modo — como se tivesse descoberto por acidente um caminho secreto para a verdade: a verdade absoluta, universal e inabalável que repousa oculta no centro do mundo. Nesse entusiasmo de estudante, é claro, ele desdenhou levar em conta a existência de outras línguas que não o inglês, a grande Babel de línguas que deblateram e se batem no mundo além da sua vida de estudante. E como pode a verdade absoluta e inabalável mudar de uma língua para outra?

Entretanto o poder das palavras que rimam, das transformações das palavras, não pode de modo algum ser desprezado. A sensação de magia perdura, mesmo que não possa ser ligada a uma busca da verdade, e essa mesma magia, essas mesmas correspondências entre palavras, estão presentes em todas as línguas, embora as combinações específicas sejam diferentes. No cerne de cada língua existe uma rede de rimas, assonâncias e significados que se sobrepõem, e todos esses fatos atuam como uma espécie de ponte que liga aspectos do mundo opostos e contrastantes. A língua, portanto, não como uma mera lista de coisas avulsas a serem concatenadas e cuja soma total é igual ao mundo. Em vez disso, a língua como está exposta no dicionário: um organismo infinitamente complexo, cujos elementos todos — células e nervos, corpúsculos e ossos, dígitos e fluidos — estão presentes no mundo simultaneamente, nenhum dos quais pode existir sozinho. Pois cada palavra é definida por outras palavras, o que significa que entrar em qualquer parte da língua é entrar em seu todo. A língua, portanto, como uma monadologia, para repetir o termo usado por Leibniz. ("Uma vez que tudo é um pleno, toda matéria está interligada e todo movimento no pleno produz algum efeito nos corpos distantes, na proporção da distância. Por conseguinte, cada corpo é afetado não apenas por aqueles com que está em contato e assim de algum modo sente tudo o que acontece com eles; mas, por intermédio deles, sente também aqueles que tocam os corpos com que ele está em contato imediato. Segue-se daí que essa comunicação se estende por toda e qualquer distância. Em consequência, todo corpo experimenta tudo o que acontece no universo, tanto assim que alguém que veja tudo pode ler em qualquer corpo o que se passa em qualquer lugar, e até mesmo o que já aconteceu ou ainda acontecerá. Ele seria capaz de observar no presente algo remoto tanto no tempo quanto no espaço [...]. Uma alma, porém, só pode ler em si mesma aquilo que está diretamente representado nela; é incapaz de desdobrar de uma só vez todas as suas dobras; pois estas continuam até o infinito.")

Portanto, brincar com palavras do jeito que A. fazia quando estudante era menos uma busca da verdade do que uma busca do mundo tal como ele aparece na língua. A língua não é a realidade. É o modo como existimos no mundo. Brincar com palavras é simplesmente examinar a maneira como a mente funciona, espelhar uma partícula do mundo como a mente a percebe. Do mesmo modo, o mundo não é apenas a soma das coisas que estão nele. É a cadeia infinitamente complexa de ligações entre elas. A exemplo do significado das palavras, as coisas só adquirem sentido em relação umas com as outras. "Dois rostos se parecem", escreve Pascal. "Nenhum deles é engraçado por si mesmo mas, lado a lado, sua semelhança nos faz rir." Os rostos rimam para os olhos, assim como duas palavras podem rimar para os ouvidos. Para levar o argumento um passo adiante, A. sustentaria que também é possível rimar os acontecimentos da vida de uma pessoa. Um jovem aluga um quarto em Paris e depois descobre que seu pai se esconde nesse mesmo quarto durante a guerra. Se esses dois acontecimentos fossem examinados separadamente, haveria bem pouco a dizer sobre cada um deles. A rima que criam quando observados em conjunto modifica a realidade de ambos. Assim como dois objetos físicos, quando trazidos para perto um do outro, emitem forças eletromagnéticas que afetam não apenas a estrutura molecular de ambos mas também o espaço entre eles, alterando, por assim dizer, o próprio ambiente, da mesma forma dois (ou mais) acontecimentos que rimam fundam uma ligação no mundo, acrescentam mais uma sinapse a ser seguida através da vasta plenitude da experiência.

Essas ligações são um lugar-comum em obras literárias (para voltar a esse tema), mas tendemos a não as enxergar no mundo — pois o mundo é grande demais e a vida de uma pessoa é pequena demais. É apenas naqueles raros momentos em que acontece de captarmos de relance uma rima no mundo que a mente consegue saltar para fora de si mesma e servir de ponte para coisas entre o tempo e o espaço, entre a visão e a memória. Mas nisso há mais do que simplesmente rima. A gramática da existência inclui todas as figuras da linguagem: símile, metáfora, metonímia, sinédoque — de tal modo que cada coisa que está no mundo é, na verdade, muitas coisas, as quais em troca dão lugar a muitas outras coisas,

180

dependendo do que está a seu lado, do que as contém, ou daquilo de que foram retiradas. Muitas vezes, também, falta o segundo termo de uma comparação. Pode ter sido esquecido, ou estar oculto no inconsciente, ou de algum modo ter se tornado inacessível. "O passado está oculto", escreve Proust em uma passagem importante de seu romance, "fora do alcance do intelecto, em algum objeto material (na sensação que esse objeto material nos dará) de que não suspeitamos. E, quanto a esse objeto, dependerá do acaso toparmos ou não com ele antes de morrermos." Todo mundo, de um jeito ou de outro, experimentou as estranhas sensações do esquecimento, a força ludibriante do termo ausente. Entrei naquele quarto, dirá um homem, e me veio a sensação mais esquisita, como se eu já tivesse estado ali, embora eu não consiga lembrar de jeito nenhum. Como nas experiências de Pavlov com cães (que, no nível mais elementar possível, demonstram a maneira pela qual a mente pode criar uma ligação entre duas coisas dessemelhantes, depois esquecer a primeira coisa e desse modo transformar uma coisa em outra), algo aconteceu, embora não saibamos de maneira alguma dizer o que foi. O que A. vem lutando para expressar é, talvez, que para ele já faz algum tempo que nenhum dos dois termos se mostra ausente. Toda vez que sua mente ou seus olhos parecem se deter, ele descobre outra ligação, outra ponte para levá-lo ainda a um outro lugar e, mesmo na solidão de seu quarto, o mundo se lança sobre ele em uma velocidade atordoante, como se o mundo inteiro convergisse de repente para ele e acontecesse com ele ao mesmo tempo. Coincidência: sobrevir; ocupar o mesmo lugar no tempo ou no espaço. A mente, portanto, como aquilo que contém mais do que a si mesmo. Como na frase de Agostinho: "Mas onde está essa parte da mente que não está contida nela mesma?".

Segunda volta à barriga da baleia.

"Quando recobrou os sentidos, o boneco não conseguia lembrar onde estava. À sua volta, tudo era escuridão, uma escuridão tão profunda e tão negra que por um momento imaginou que tinha sido mergulhado de cabeça em um tinteiro."

Esta é a descrição que faz Collodi da chegada de Pinóquio à barriga do tubarão. Era algo para se escrever da forma corriqueira: "uma escuridão negra como tinta" — um floreado banal que se esquece no mesmo instante em que se lê. Mas algo diferente está acontecendo aqui, algo que transcende a questão de escrever bem ou mal (e este obviamente não é um texto mal escrito). Tome nota com todo cuidado: Collodi não faz nenhuma comparação neste trecho; não existe nenhum "como se", nenhum "igual a", nada que iguale ou contraste uma coisa em relação a outra. A imagem da escuridão absoluta imediatamente cede lugar à imagem de um tinteiro. Pinóquio acabou de entrar na barriga do tubarão. Ainda não sabe que Gepeto também está ali. Tudo, pelo menos nesse breve momento, foi perdido. Pinóquio está rodeado pelas trevas da solidão. E é nessa escuridão, onde o boneco irá, por fim, encontrar a coragem para salvar seu pai e, desse modo, realizar sua transformação em um menino de verdade, que ocorre o ato criativo essencial do livro.

Ao mergulhar seu boneco nas trevas do tubarão, Collodi nos está dizendo que mergulha sua pena na escuridão do seu tinteiro. Pinóquio, afinal de contas, é feito apenas de madeira. Collodi o está usando como um instrumento (literalmente, a caneta) para escrever a história de si mesmo. Isto não representa uma concessão a um psicologismo elementar. Collodi não poderia ter alcançado o que realiza em *Pinóquio* a menos que o livro fosse para ele um livro de memórias. Ele tinha mais de cinquenta anos quando se sentou para escrevê-lo, recentemente aposentado de uma apagada carreira no serviço público, sem destaque, segundo seu sobrinho, "quer pela dedicação, quer pela pontualidade, quer pela subserviência". Não menos do que o romance de Proust em busca do tempo perdido, a história de Collodi é uma busca da sua infância perdida. Até o nome que escolheu para pseudônimo era uma evocação do passado. Seu nome real era Carlo Lorenzini. Collodi era o nome da cidadezinha onde sua mãe nasceu e onde ele passava as férias, quando criança. Sobre sua infância, temos acesso a alguns poucos fatos. Ele era um contador de histórias fantasiosas, admirado pelos amigos por sua habilidade para fasciná-los com histórias. Segundo seu irmão Ippolito, "ele o fazia tão bem e com tantas mímicas que meio mundo se encantava e as crianças o ouviam boquiabertas". Em um esboço autobiográfico escrito posteriormente, bem depois de concluído o livro *Pinóquio*, Collodi deixa pouca dúvida de que concebia a si mesmo como o duplo do boneco. Ele se retrata como um brincalhão e um palhaço — que come cerejas durante a aula e enche com os caroços os bolsos de um colega de sala, apanha moscas e as põe nas orelhas dos outros, pinta bonecos na roupa do menino à sua frente: em geral, produz destruição para todo mundo. Se isso é ou não verdade, não interessa. Pinóquio era o substituto de Collodi e, depois de criado o boneco, Collodi viu a si mesmo como Pinóquio. O boneco tornou-se a imagem dele mesmo quando criança. Mergulhar o boneco no tinteiro, portanto, era usar sua criação para escrever sua própria história. Pois é apenas nas trevas da solidão que começa o trabalho da memória.

Possível(eis) epígrafe(s) para O Livro da Memória.

"Sem dúvida devemos procurar na criança os primeiros sinais de atividade imaginativa. A ocupação mais amada e mais absorvente para a criança é brincar. Talvez possamos dizer que toda criança quando brinca se comporta como um escritor de ficção, porquanto cria um mundo próprio ou, mais exatamente, reordena as coisas de seu mundo e o organiza de uma forma nova [...]. Seria incorreto pensar que a criança não leva esse mundo a sério: ao contrário, leva sua brincadeira muito a sério e despende nisso uma grande quantidade de emoção." (Freud)

"Você não esquecerá que a ênfase nas memórias de infância do escritor, as quais talvez pareçam muito estranhas, deriva em última instância da hipótese de que a imaginação criativa, como também o sonho diurno, é uma continuação e um substituto da brincadeira da infância." (Freud)

Ele observa seu filho. Olha o pequeno menino se movimentar pelo quarto e acompanha o que ele diz. Vê o menino brincar com seus brinquedos e o escuta falar sozinho. Toda vez que o garoto apanha um objeto, ou empurra um caminhão pelo assoalho, ou acrescenta outro bloco de madeira à torre de blocos de madeira que se ergue à sua frente, fala sobre o que está fazendo, do mesmo modo que o narrador de um filme falaria, ou então inventa uma história para acompanhar as ações que pôs em movimento. Cada gesto engendra uma palavra, ou uma série de palavras; cada palavra dispara um outro movimento: um retrocesso, uma continuação, um novo ciclo de movimentos e palavras. Não existe um centro fixo para nada disso ("um universo em que o centro está em toda parte e a circunferência, em nenhuma"), exceto talvez a consciência da criança, que é ela mesma um campo de percepções, lembranças e declarações em deslocamento constante. Não há lei da natureza que não possa ser transgredida: caminhões voam, um bloco de madeira vira uma pessoa, os mortos renascem quando a criança bem entende. A mente da criança desliza sem hesitação de uma coisa para outra. Olhe só, diz o menino, meu brócolis é uma árvore. Olhe só, minhas batatas são uma nuvem. Olhe só para a nuvem, é um homem. Ou então, ao sentir a comida tocar sua língua, e olhando para cima com um brilho maroto nos olhos: "Sabe como Pinóquio e seu pai escaparam do tubarão?". Pausa, deixando a pergunta baixar. Depois, um sussurro: "Saíram na ponta dos pés, sem fazer barulho, pela língua do tubarão".

Às vezes A. tem a impressão de que as divagações mentais do filho, enquanto brinca, são uma imagem exata do progresso de A. através do labirinto de seu livro. Até pensou que, se conseguisse de algum modo traçar um diagrama de seu filho brincando (uma descrição exaustiva que contivesse cada deslocamento, associação e gesto) e depois traçasse um diagrama semelhante de seu livro (detalhando o que ocorre nos espaços vazios entre as palavras, os interstícios da sintaxe, nos vazios entre as seções), os dois diagramas seriam um só: um se encaixaria perfeitamente no outro.

No tempo em que trabalhou no Livro da Memória, A. experimentou um prazer especial em observar o menino lembrar. Como todos os seres ainda pré-alfabetizados, a memória do menino é espantosa. A capacidade de observação minuciosa, de ver um objeto em sua singularidade, é quase ilimitada. A língua escrita exime a pessoa da necessidade de lembrar muita coisa do mundo, pois as lembranças ficam armazenadas nas palavras. A criança,

184

entretanto, situada em uma posição anterior ao advento da palavra escrita, lembra do mesmo modo que Cícero recomendava, do mesmo modo imaginado por todos os autores clássicos que trataram do assunto: uma imagem casada a um lugar. Um dia, por exemplo (e isto é apenas um exemplo, colhido em uma miríade de possibilidades), A. e seu filho caminhavam pela rua. Encontram um colega de creche do menino parado diante de uma pizzaria com seu pai. O filho de A. ficou encantado de ver seu amigo, mas o outro menino pareceu se esquivar do colega, muito acanhado. Diga bom-dia, Kenny, pediu seu pai, e o menino conseguiu balbuciar um débil cumprimento. Em seguida, A. e seu filho continuaram sua caminhada. Três ou quatro meses depois, calharam de passar juntos pelo mesmo lugar. A. de repente ouviu seu filho falando sozinho, com uma voz quase inaudível: diga bom-dia, Kenny, diga bom-dia. Ocorreu a A. que, se em certo sentido o mundo se imprime em nossas mentes, é igualmente verdade que nossas experiências ficam impressas no mundo. Por esse breve instante, enquanto passavam diante da pizzaria, o menino literalmente viu seu passado. O passado, para repetir as palavras de Proust, está oculto em algum objeto material. Vagar pelo mundo, portanto, é também vagar em nós mesmos. Quer dizer, no momento em que adentramos o espaço da memória, entramos no mundo.

É um mundo perdido. E o surpreende compreender que está perdido para sempre. O menino esquecerá tudo o que aconteceu com ele até então. Não restará nada, senão uma espécie de crepúsculo, e talvez nem isso. Todas as milhares de horas que A. passou com ele durante seus três primeiros anos de vida, todos os milhões de palavras que lhe falou, os livros que leu para ele, as refeições que fez para ele, as lágrimas que enxugou para ele — todas essas coisas irão se dissipar da memória do menino para sempre.

O Livro da Memória. Livro Treze.
Ele se lembra de que deu a si mesmo um nome novo, John, porque todos os caubóis se chamavam John, e toda vez que sua

mãe se dirigia a ele pelo nome real, se recusava a responder. Lembra-se de ter saído correndo de casa e deitar-se no meio da rua com os olhos bem fechados, à espera de que um carro passasse por cima dele. Lembra-se de que seu avô lhe deu uma fotografia bem grande de Gabby Hayes e que ela ficava em um lugar de honra em cima de sua escrivaninha. Lembra-se de pensar que o mundo era plano. Lembra-se de aprender a amarrar os sapatos. Lembra-se de que as roupas do pai ficavam no armário do seu quarto e que era o barulho dos cabides batendo uns nos outros de manhã que o acordava. Lembra-se da imagem de seu pai dando nó na gravata e lhe dizendo, Levante e brilhe, garotinho. Lembra-se de querer ser um esquilo, porque tinha vontade de ser ágil como um esquilo, ter uma cauda felpuda e ser capaz de saltar de uma árvore para outra, como se estivesse voando. Lembra-se de olhar através da veneziana e ver sua irmã recém-nascida chegar do hospital nos braços da mãe. Lembra-se da enfermeira de vestido branco que se sentava ao lado da sua irmã, ainda bebê, e que dava para ele pequenos quadrados de chocolate suíço. Lembra-se de que ela os chamava de suíços, embora A. não soubesse o que isso significava. Lembra-se de deitar na cama ao anoitecer, no meio do verão, olhar para a árvore através da janela e ver diversos rostos desenhados na configuração dos ramos. Lembra-se de ficar sentado na banheira e fingir que seus joelhos eram montanhas e que o sabão branco era um transatlântico. Lembra-se do dia em que seu pai lhe deu uma ameixa e lhe disse para ir lá fora andar de triciclo. Lembra-se de que não gostou do paladar da ameixa, a jogou no bueiro e foi tomado por um sentimento de culpa. Lembra-se do dia em que a mãe o levou, junto com seu amigo B., ao estúdio de televisão em Newark para ver uma apresentação do programa Brincadeiras Infantis. Lembra-se de que Tio Fred passou maquiagem no rosto, igual à sua mãe, e que ele ficou surpreso com isso. Lembra-se de que os desenhos animados passavam em um diminuto aparelho de tevê, não maior do que o que tinha em casa, e que a decepção que sentiu foi tão esmagadora que teve vontade de se levantar e berrar seu protesto para o Tio Fred. Lembra-se de que esperava ver Farmer Gray e o Gato Félix correrem sobre um palco, grande como o mundo, partindo um contra o outro munidos de forcados e ancinhos de verdade. Lembra-se de que a cor predileta de B. era o verde e que ele garantia que nas veias de seu urso de pelúcia corria sangue verde. Lembra-se de que B. morava com suas duas avós e que, para chegar ao quarto de B., ele tinha de atravessar uma sala no andar de cima onde as duas mulheres de cabelos brancos passavam o tempo todo vendo tevê. Lembra-se de que ele e B. vasculhavam o mato e os quintais dos arredores em busca de animais mortos. Lembra-se de enterrá-los ao lado da sua casa, bem fundo na escuridão da hera, e que em sua maioria eram pássaros, pássaros pequenos como pardais, tordos e garriças. Lembra-se de armar cruzes para eles, feitas de gravetos, rezar sobre seus cadáveres enquanto ele e B. os depunham no buraco que haviam cavado no solo, os olhos mortos tocando a terra úmida e solta. Lembra-se de desmantelar o rádio da família com um martelo e uma chave de fenda, certa tarde, e explicar à sua mãe que o fizera como uma experiência científica. Lembra-se de que essas foram as palavras que usou e sua mãe lhe deu uma surra. Lembra-se de tentar cortar uma pequena árvore frutífera no quintal com um machado cego que encontrou na garagem e conseguir apenas deixar umas poucas marcas no tronco. Lembra-se de ver o verde embaixo da casca e de ter levado uma surra por isso também. Lembra-se de estar sentado em sua carteira na primeira série da escola, longe das outras crianças, de castigo por ter falado durante a aula. Lembra-se de estar sentado nessa carteira e ler um livro de capa vermelha e ilustrações vermelhas com fundos verde-azulados. Lembra-se de a professora chegar perto dele, pelas costas, e muito bondosamente pôr a mão no seu ombro e sussurrar uma pergunta em seu ouvido. Lembra-se de que ela usava uma blusa branca sem mangas, e seus braços eram grossos e cobertos de sardas. Lembra-se de se chocar com outro menino durante uma partida de beisebol no pátio da escola e ser lançado ao chão com tanta violência que, durante os cinco ou dez minutos seguintes, viu tudo como em um negativo fotográfico. Lembra-se de se levantar e caminhar rumo ao prédio da escola e pensar consigo mesmo, estou ficando cego. Lembra-se de como seu pânico gradualmente se transformou em aceitação, e até em fascínio, no intervalo daqueles poucos minutos, e como, quando sua visão normal voltou, ele teve a sensação de que algo extraordinário ocorrera dentro dele. Lembra-se de molhar a cama muito depois de isso ser aceitável, e dos lençóis gelados quando acordou de manhã. Lembra-se de ser convidado pela primeira vez para dormir na casa de um amigo e como ficou acordado a noite toda, com medo de molhar a cama e se humilhar, olhando para os ponteiros verdes e fosforescentes do relógio de pulso que ganhara no seu sexto aniversário. Lembra-se de examinar as ilustrações em uma Bíblia para crianças e aceitar o fato de Deus ter barbas brancas e compridas. Lembra-se de pensar que a voz que ouvia dentro de si mesmo era a voz de Deus. Lembra-se de ir ao circo no Madison Square Garden com seu avô e tirar um anel do dedo de um gigante de dois metros e meio no espetáculo paralelo, que custava cinquenta centavos. Lembra-se de manter o anel em cima de sua escrivaninha ao lado da foto de Gabby Hayes e de poder enfiar quatro dedos dentro dele. Lembra-se de especular que talvez o mundo inteiro estivesse encerrado em um pote de vidro, guardado em uma prateleira junto a uma porção de outros mundos dentro de potes de vidro, na despensa de uma casa gigante. Lembra-se de se recusar a cantar músicas de Natal na escola porque era judeu e ficar para trás, na sala de aula, enquanto as outras crianças iam ensaiar no auditório. Lembra-se de voltar para casa no primeiro dia de aula na escola hebraica, de uniforme novo, e de ser empurrado para dentro de um riacho por garotos mais velhos, de casacos de couro, que o chamaram de judeu de merda. Lembra-se de escrever seu primeiro livro, uma história de detetive escrita com tinta verde. Lembra-se de pensar que, se Adão e Eva foram as primeiras pessoas no mundo, todo mundo era parente de todo mundo. Lembra-se de ter vontade de jogar uma moeda de um centavo pela janela do apartamento de seus avós em Columbus Circle e sua mãe lhe dizer que a moeda ia atravessar a cabeça de alguém. Lembra-se de olhar do alto do edifício Empire State e se espantar ao ver que os táxis ainda eram amarelos. Lembra-se de visitar a Estátua da Liberdade com sua mãe, que ficou muito nervosa dentro da tocha e o fez descer a escada sentado, degrau por degrau. Lembra-se do menino que morreu atingido por um raio durante um passeio, em um acampamento de verão. Lembra-se de ficar lá deitado na chuva, perto dele, e ver os lábios do menino ficarem azuis. Lembra-se de que a avó lhe contava lembrar sua viagem da Rússia para a América, aos cinco anos de idade. Lembra-se de que ela lhe contou que lembrava haver acordado de um sono profundo e se ver nos braços de um soldado que a levava para um navio. Lembra-se de que ela lhe contou que esta era a única coisa que ela conseguia lembrar.

O Livro da Memória. Mais tarde, naquela noite.

Não muito depois de escrever as palavras "esta era a única coisa que ela conseguia lembrar", A. se levantou da mesa e deixou o quarto. Andando pela rua, sentindo-se esgotado pelos esforços do dia, resolveu caminhar por um tempo. Veio a escuridão. Parou para jantar, abriu um jornal na mesa à sua frente e depois, após pagar a conta, resolveu passar o resto da noite no cinema. Levou quase uma hora para andar até o cinema. Quando ia comprar o ingresso, mudou de ideia, pôs o dinheiro de volta no bolso e se afastou. Voltou sobre os próprios passos, seguindo ao contrário o mesmo caminho que o levara até lá. A certa altura do trajeto, parou para tomar um copo de cerveja. Em seguida retomou a marcha. Era quase meia-noite quando abriu a porta do seu quarto.

Naquela noite, pela primeira vez na vida, sonhou que estava morto. Por duas vezes acordou durante o sonho, trêmulo de pânico. A cada vez, tentou acalmar-se; disse a si mesmo que, ao mudar de posição na cama, o sonho terminaria e, a cada vez, tão logo adormeceu de novo, o sonho recomeçou exatamente no ponto em que se havia interrompido.

Não se tratava exatamente de estar morto, mas sim de que ele ia morrer. Isso era certo, um fato imanente e absoluto. Estava deitado em um leito de hospital, acometido por uma doença fatal. Seu cabelo tinha caído em certas partes do crânio e sua cabeça estava meio careca. Duas enfermeiras vestidas de branco entraram no quarto e lhe disseram: "Hoje você vai morrer. É tarde demais para ajudá-lo". Eram quase mecânicas em sua indiferença em relação a ele. A. chorou e implorou às enfermeiras: "Sou jovem demais para morrer, não quero morrer agora". "É tarde demais", responderam as enfermeiras. "Agora temos de raspar sua cabeça." Com lágrimas escorrendo dos olhos, ele as deixou raspar sua cabeça. Depois elas disseram: "O caixão está logo ali. Vá até lá e deite-se dentro dele, feche os olhos e logo você vai estar morto". A. queria fugir. Mas sabia que não era permitido desobedecer às ordens delas. Foi até o caixão e entrou. Fecharam a tampa sobre ele mas, uma vez lá dentro, ficou de olhos abertos.

Então acordou pela primeira vez.

Depois que adormeceu de novo, estava saindo do caixão. Vestia um camisolão branco de interno de hospital e estava descalço. Saiu do quarto, vagou um longo tempo por numerosos corredores e depois saiu do hospital. Pouco mais tarde, batia na porta da casa de sua ex-esposa. "Tenho de morrer hoje", disse a ela, "e não há nada que eu possa fazer." Ela recebeu essa notícia com toda a calma, se comportou de forma semelhante às enfermeiras. Mas ele não fora até lá em busca da sua solidariedade. Queria lhe dar instruções quanto ao que fazer com seus manuscritos. Percorreu uma longa lista de suas obras e lhe disse como e onde publicá-las. Depois falou: "O Livro da Memória ainda não está terminado. Não há nada que eu possa fazer quanto a ele. Não haverá tempo para terminar. Termine o livro para mim e depois dê para o Daniel. Confio em você. Termine o livro para mim". Ela concordou em fazer isso, mas sem muito entusiasmo. E depois ele começou a se lamentar, como já tinha feito antes: "Sou jovem demais para morrer. Não quero morrer agora". Mas ela lhe explicou com toda paciência que, se tinha de ser assim, ele devia aceitar. Depois A. deixou a casa da ex-esposa e voltou para o hospital. Quando chegou ao estacionamento, acordou pela segunda vez.

Depois que voltou a dormir, estava de novo no hospital, em um porão perto do necrotério. O aposento era grande, vazio e branco, uma espécie de cozinha antiquada. Um grupo de seus amigos de infância, agora adultos, estavam sentados em volta de uma mesa e comiam uma farta e suntuosa refeição. Todos se voltaram e olharam para A. quando entrou na sala. Explicou a eles: "Olhem, rasparam minha cabeça. Tenho de morrer hoje, e não quero morrer". Seus amigos ficaram comovidos com isso. Convidaram-no a sentar e comer com eles. "Não", disse ele. "Não posso comer com vocês. Tenho de ir para o aposento seguinte e morrer." Apontou para uma porta de vaivém com uma janela circular no meio. Seus amigos se levantaram das cadeiras e vieram para junto dele, na porta. Por um breve tempo, todos trocaram recordações da infância em comum. Conversar com eles o acalmou, mas ao mesmo tempo achou ainda mais difícil encontrar coragem para passar por aquela porta. Por fim, declarou: "Tenho de ir agora. Tenho de morrer agora". Um por um, enquanto as lágrimas corriam pelas faces, ele abraçou seus amigos, apertou-os com toda a força, e se despediu.

Depois acordou pela última vez.

Frases finais para O Livro da Memória.

De uma carta de Nadiejda Mandelstam para Óssip Mandelstam, datada de 22/10/38, e nunca enviada.

"Não tenho palavras, meu querido, para escrever esta carta [...]. Eu a escrevo no vazio. Talvez você volte e não me encontre aqui. Então isto será tudo o que terá restado para você se lembrar de mim [...]. A vida pode durar muito. Como é difícil e demorado para cada um de nós morrer sozinho. Será mesmo este o nosso destino, nós que somos inseparáveis? Filhotinhos de cachorro e crianças, será que merecemos isto? Você merece isto, meu anjo? Tudo continua como antes. Não sei de nada. Mas sei de tudo — todos os dias e todas as horas da sua vida se mostram claros e nítidos para mim como em um delírio — em meu último sonho, eu comprava comida para você no restaurante de um hotel vagabundo. As pessoas a meu lado eram totalmente desconhecidas. Depois que comprei a comida, me dei conta de que não sabia para onde levá-la, porque não sei onde você está [...]. Quando acordei, disse para Chura: 'Osia morreu'. Eu não sei se você ainda está vivo, mas, desde a época daquele sonho, perdi sua pista. Não sei onde você está. Será que vai me ouvir? Sabe o quanto amo você? Eu nunca conseguirei dizer o quanto amo você. Não consigo nem mesmo agora. Falo para você, só para você. Você está comigo sempre, e eu que fui tão turbulenta e furiosa e que nunca aprendi a chorar como todo mundo — agora choro e choro sem parar [...]. Sou eu: Nádia. Onde está você?"

Ele põe uma folha de papel em branco sobre a mesa à sua frente e escreve estas palavras com a sua caneta.

O céu é azul, negro, cinzento e amarelo. O céu não está lá, e é vermelho. Tudo isso foi ontem. Tudo isso foi cem anos atrás. O céu é branco. Cheira a terra, e não está lá. O céu é branco como a terra, e cheira a ontem. Tudo isso foi amanhã. Tudo isso foi daqui a cem anos. O céu é verde-limão e cor-de-rosa e violeta. O céu é a terra. O céu é branco, e não está lá.

Ele acorda. Anda para um lado e outro entre a mesa e a janela. Senta. Levanta. Anda para um lado e outro entre a cama e a cadeira. Deita. Olha para o teto. Fecha os olhos. Abre os olhos. Anda para um lado e outro, entre a mesa e a janela.

Acha uma folha de papel nova. Põe o papel sobre a mesa à sua frente e escreve estas palavras com a sua caneta.

Foi. Nunca será de novo. Lembre.

(1980-1981)

REFERÊNCIAS
(Fontes das citações não mencionadas no texto)

p. 96 "Israel Lichtenstein's last testament". Em *A Holocaust Reader*, organizado por Lucy S. Dawidowicz. Behrman House, Nova York, 1976.

p. 100 Flaubert. *The Letters of Gustave Flaubert*, selecionadas, organizadas e traduzidas por Francis Steegmuller. Harvard University Press, Cambridge, 1979.

p. 108 Marina Tzvetáieva. Citações e traduções de Elaine Feinstein. Em *Marina Tsvetayeva: Selected Poems*. Oxford University Press, 1971.

p. 108 Gregory I. Altschuller, M. D. *Marina Tsvetayeva: A Phisician Memoir*. Em *SUN*, volume IV, número 3, inverno de 1980, Nova York.

p. 111 Christopher Wright. Em *Rembrandt and His Art*. Galahad Books, Nova York, 1975.

p. 112 Hölderlin. Citações em prosa traduzidas por Michael Hamburguer. Em *Friedrich Hölderlin: Poems and Fragments*. University of Michigan Press, Ann Arbor, 1966.

p. 113 Hölderlin. *To Zimmer*. Tradução de John Riley e Tim Longville. Em *What I Own: Versions of Hölderlin*. Grosseteste Review Press, 1973.

p. 141 B. = André du Bouchet. Em *Hölderlin Aujourd'hui*, palestra apresentada em Stuttgart, 1970.

p. 147 Collodi. *The Adventures of Pinochio*. Tradução de Carol Della Chiesa. Macmillan, Nova York, 1925. Todas as citações posteriores são desta edição. Traduções às vezes ligeiramente adaptadas.

p. 157 Edward A. Snow. *A Study of Vermeer*. University of California Press, Berkeley, 1979.

p. 159   Van Gogh. *The Letters of Vincent Van Gogh*. Editadas por Mark Roskill. Atheneum, Nova York, 1968.

p. 164   Tolstói. *War and Peace*. Tradução de Ann Dunnigan. New American Library, Nova York, 1968.

p. 166   Freud. "The 'uncanny'". Em *On Creativity and the Unconscious*. Harper and Row, Nova York, 1958.

p. 167   *As mil e uma noites*. Todas as citações de *The Portable Arabian Nights*. Tradução de John Payne. Editado por Joseph Campbell. Viking, Nova York, 1952.

p. 173   Dostoiévski. *The Brothers Karamazov*. Tradução de David Magarshack. Penguin, Baltimore, 1958.

p. 173   Jim Harrison. Citado em "The end of Cambodia?", por William Shawcross. *The New York Review of Books*, 24 de janeiro de 1980.

p. 175   Anne Frank. *The Diary of a Young Girl*. Doubleday, Nova York, 1952.

p. 176   Citações de comentários sobre o Livro de Jonas, de "Jonah, or the unfulfilled prophecy", em *Four Strange Books in The Bible*, de Elias Bickerman. Schocken, Nova York, 1967.

p. 179   Leibniz. Em *Monadology and Other Philosophical Essays*. Tradução de Paul Schrecker e Anne Martin Schrecker. Bobbs-Merrill, Indianapolis, 1965.

p. 181   Proust. *Swann's Way*. Tradução de C. K. Scott Moncrieff. Random House, Nova York, 1928.

p. 183   Freud. "The relation of the poet to day-dreaming". Em *On Creativity and Unconscious*.

p. 191   Nadezhda Mandelstam. *Hope Abandoned*. Tradução de Max Hayward. Collins & Harvill, Londres, 1974.

1ª EDIÇÃO [1999] 6 reimpressões

ESTA OBRA FOI COMPOSTA PELA HELVÉTICA EDITORIAL EM GARAMOND LIGHT
E IMPRESSA PELA GRÁFICA BARTIRA EM OFSETE SOBRE PAPEL PÓLEN NATURAL
DA SUZANO S.A. PARA A EDITORA SCHWARCZ EM MAIO DE 2024.

A marca FSC® é a garantia de que a madeira utilizada na fabricação do papel deste livro provém de florestas que foram gerenciadas de maneira ambientalmente correta, socialmente justa e economicamente viável, além de outras fontes de origem controlada.